Calendrier lunaire 2025

Almanach astrologique
avec les phases de la lune jour par jour et les signes du zodiaque,

pour la beauté et l'entretien de votre jardin

TEMPLUM DIANAE
- MEDIA -

LA DANSE DE LA LUNE

Ouvrage édité par : "Templum Dianae Media".
Illustrations et couverture par : "Templum Dianae Media"
Mise en page et formatage par : "
Page de garde et introduction éditées par : "Templum Dianae Media"
.

Avant de poursuivre la lecture, l'auteur et l'éditeur vous demandent expressément de lire et de comprendre les notes légales afin de clarifier certains aspects fondamentaux de la relation entre les parties.

Avis juridique :

Note juridique sur la non-responsabilité de l'auteur et de l'éditeur :

L'auteur et l'éditeur affirment et réitèrent que toutes les informations contenues dans cet ouvrage, prises individuellement ou dans leur ensemble, selon la sensibilité de chaque lecteur ou lectrice, peuvent avoir un but didactique-éducatif ou de simple divertissement.

L'auteur et l'éditeur de ce volume, tout en rappelant à tous les lecteurs qu'aucune garantie explicite ou implicite n'est donnée, affirment et réitèrent que toutes les informations contenues dans cet ouvrage, provenant de la lecture critique de diverses sources, possèdent le plus haut degré d'exactitude, de fiabilité, d'actualité et d'exhaustivité par rapport à leur capacité de recherche, de synthèse, de traitement et d'organisation de l'information.

Les lecteurs sont conscients que l'auteur n'est en aucun cas obligé de fournir une assistance ou un conseil juridique, financier, médical ou professionnel, et qu'il leur recommande de contacter un professionnel légalement qualifié, conformément à la législation en vigueur, avant d'essayer l'une des techniques ou l'une des actions décrites dans ce livre.

En lisant cette introduction, chaque lecteur accepte, explicitement ou implicitement, qu'en aucun cas l'auteur et/ou l'éditeur ne soient responsables de toute perte, directe ou indirecte, résultant de l'utilisation des informations contenues dans ce livre, y compris, mais sans s'y limiter, les erreurs, les omissions ou les inexactitudes.

www.templumdianae.com

LA DANSE DE LA LUNE

Le premier clair de lune qui a attiré mon attention n'était pas une simple lumière, mais un appel. Je me suis laissé envoûter, me perdant dans sa pâleur dansante, tandis que l'arôme frais de la nuit m'enveloppait. En marchant sur les chemins obscurs, c'est elle, la lune, qui me guidait, une présence rassurante qui sentait l'ancien et le mystère.

Les nuits où mon cœur pesait plus lourd que d'habitude, sa lueur devenait un refuge, une voix silencieuse qui promettait la compréhension sans rien demander en retour. Je l'observais, à la recherche de réponses, et elle, silencieuse, m'offrait des histoires écrites dans la lumière des étoiles.

Au fil des années, chaque cycle lunaire est devenu une page de mon journal intime, un marqueur de passages et de réflexions. Ce visage lumineux, que je scrutais tant, a commencé à me livrer ses secrets, me révélant à chaque pleine lune un peu plus de moi-même et du monde qui m'entoure.

Aujourd'hui, en rassemblant ces découvertes dans un calendrier, j'espère passer le relais à ceux qui, comme moi, trouvent dans la lune non seulement une muse ou un guide, mais aussi un ami silencieux sur le chemin de la vie. À vous tous, chercheurs, compagnons de recherche, je dédie ces pages : puissent-elles éclairer votre chemin comme elles ont éclairé le mien.

Jean de Rupecisa

INDEX

Contenu

INTRODUCTION

Très important, ne sautez pas !

Plus de dix ans se sont écoulés depuis que mon projet d'édition "Templum Daiane" a vu le jour. Pendant cette période, les leçons les plus précieuses n'ont pas été tirées des livres, mais des étudiants que j'ai rencontrés en chemin. Chacune de leurs histoires, chacune de leurs questions, a laissé sa marque, façonnant mon travail d'une manière que je n'aurais jamais imaginée.

Je me souviens encore quand, en 2017, tout a commencé par un simple billet de blog et une image sur Instagram, publiés à l'occasion d'une célèbre éclipse de lune. Je n'aurais jamais pu imaginer que ce geste attirerait l'attention de plus de 10 000 personnes, transformant un blog avec quelques centaines de visites mensuelles en un point de référence pour les journalistes et les chaînes de télévision.Mais c'est en 2020, à une époque d'incertitude mondiale, que ce calendrier a trouvé sa véritable forme. Publié et distribué à l'échelle internationale, il a prouvé que les idées des années précédentes n'étaient pas seulement des rêves, mais des racines prêtes à pousser. Année après année, le calendrier s'est transformé, n'étant plus une simple liste de dates, mais un guide pour traverser la nouvelle année, un pont entre le mystique et le métaphysique.

Chaque édition a apporté de nouvelles connaissances, enrichies par les expériences et les histoires de mes lecteurs. Ce calendrier, que vous tenez entre vos mains, est le résultat de ce dialogue permanent. Il est devenu une carte céleste, prête à vous guider non seulement à travers les phases de la lune, mais aussi à travers les défis et les opportunités que la nouvelle année apportera.et maintenant, alors que vous vous préparez à embarquer pour ce voyage, je vous demande : quelle est votre destination ?

Grâce à ce guide, vous pourrez non seulement tracer le cours de la lune, mais aussi trouver des conseils et de l'inspiration pour vous guider sur votre chemin, quel qu'il soit.

Bon voyage et que la Lune vous soit favorable !

UNE VIE SANS LUNE

Une vie sans émotion

Dans mon travail de médecin holistique, je remarque souvent un fil conducteur dans la vie de mes étudiants, un nœud caché qui semble entremêler toutes leurs difficultés. Lorsque je leur demande ce qu'ils ressentent vraiment, les réponses sont souvent vagues, comme s'ils essayaient d'éviter le vrai problème.

"*Je voudrais me sentir en meilleure santé*", disent-ils.
"*J'aimerais être plus mince*", ajoutent-ils.

Mais derrière ces mots, je perçois quelque chose de plus profond, un sentiment qu'ils n'ont pas encore appris à reconnaître.

Mon travail consiste à les guider vers cette prise de conscience, à les aider à voir au-delà de la surface. Il ne s'agit pas seulement de stress ou d'insatisfaction par rapport à son corps. La véritable raison pour laquelle ils viennent me voir est un vide plus grand : le manque de sens, de connexion, de sentiment de faire partie de quelque chose de plus grand, qu'il s'agisse d'amour, de carrière ou de liens avec les amis et la famille.

Ils tentent souvent de combler cette lacune par des pensées du type : "Si je suis plus musclé, ils me respecteront davantage et j'obtiendrai cette promotion :
"*Si je suis plus musclé, on me respectera davantage et j'obtiendrai cette promotion*".

Ou encore :
"*Si je suis plus mince, mon petit ami m'aimera plus*".

Mais qu'est-ce qui les pousse vraiment dans cette recherche incessante de confirmation extérieure ? L'ego ? L'insécurité ? La convoitise ou l'avidité ?

Mon expérience m'a appris que ces explications sont trop simples. Derrière nombre de ces personnes se cache une fragilité intérieure, une vie qui semble avoir perdu ses couleurs, déconnectée des cycles naturels et du sens du mystère qui les guidait autrefois.

Nous vivons dans un monde où tant de gens quittent les petites villes pour aller chercher fortune dans les métropoles, puis, ironiquement, retournent à la nature le week-end, dans l'espoir de retrouver ce lien perdu.

Mais est-ce vraiment la solution ?

Parfois, je pense que tout ce dont nous avons besoin, c'est d'un moment de pause. Regarder le ciel nocturne, se laisser enchanter par les étoiles et la lune, se rappeler que nous ne sommes pas seuls et sans direction. La lune est là, guide silencieux, prête à éclairer nos choix, à nous montrer le chemin lorsque nous nous sentons perdus.

Si, au lieu de courir vers une destination, nous nous arrêtions dans les bois, sentant le parfum des arbres, observant les fleurs et les fruits que la nature nous offre, nous découvririons tout ce que la lune peut nous apprendre sur l'amour et l'abondance. Nous pourrions apprendre à danser au rythme de sa lumière, en la laissant nous guider vers une vie plus riche, de biens matériels, de sens et de beauté.

La quête éternelle de l'amour

Soyons honnêtes : souvent, lorsque nous avançons vers un objectif, nous le faisons avec un désir caché, celui d'attirer l'attention et l'affection de quelqu'un. Qu'il s'agisse d'un ami, d'un parent ou d'un amour débordant, tout ce que nous faisons semble tourner autour de ce besoin.

Vous êtes-vous déjà demandé pourquoi vous vouliez cette nouvelle coupe de cheveux ? Peut-être est-ce pour attirer le regard d'un collègue ou raviver l'intérêt de votre partenaire. Vous sentez-vous mal à l'aise avec votre corps ? C'est peut-être parce que la personne que vous aimez ne vous remarque pas autant que vous le souhaiteriez, ou qu'elle a cessé de vous témoigner les petites attentions qui vous faisaient vous sentir spécial.

La vérité est que nous cherchons tous, à un moment ou à un autre, à satisfaire notre besoin d'affection. Mais les problèmes commencent lorsque ce désir reste insatisfait. Nous commençons alors à douter de nous-mêmes, de notre apparence, de notre personnalité ou de ce que nous pensons ne pas posséder.

Nous oublions qu'il n'existe pas de potion magique ou de parfum qui puisse conquérir tout le monde. Et même s'il existait, ce serait plus une malédiction qu'une bénédiction. Pensez au nombre de couples mal assortis : des gens qui se trompent, qui ne se supportent pas, qui s'exploitent mutuellement ou qui ne sont ensemble que par habitude ou par manque d'estime de soi. Peut-être que le fait de ne pas aimer quelqu'un vous a sauvé d'une relation toxique.

Lorsque les gens viennent me voir, ils sont souvent en bonne forme, mais ils ne sourient pas, ils ne se sentent pas heureux. Je constate qu'ils mènent une vie distante, éloignée de leurs sentiments et de leurs relations.

Avec le temps, elles s'ouvrent et admettent :
"*Je veux perdre du poids parce que je veux que mon mari me remarque davantage*".

o :
"Je veux être en forme parce que je ne me sens pas en sécurité lorsque j'aborde cette fille".

Le problème émerge lentement, se révélant non seulement comme un malaise mental, mais aussi comme une déconnexion des rythmes naturels du monde. J'ai observé, en travaillant étroitement avec la biologie des gens et en vivant immergée dans la nature, que de nombreux problèmes que nous pensons n'être que dans notre tête trouvent en fait leur origine dans cette déconnexion des cycles naturels.La science commence à reconnaître l'importance des cycles lunaires sur le psychisme humain, la façon dont ils affectent notre biologie et, par conséquent, nos sentiments. Souvent, un problème sentimental provient du fait que nous ne connaissons pas notre corps et ses rythmes. Nous pensons pouvoir approcher notre partenaire à tout moment, comme si nous étions des interrupteurs que nous pouvons allumer et éteindre à volonté. Mais ce n'est pas ainsi que nous fonctionnons.

Imaginez combien votre relation pourrait être plus épanouie si vous la viviez en suivant les cycles de la lune. Les hommes et les femmes sont influencés par la lune : un homme peut être plus vigoureux pendant certaines phases du mois, et le plaisir féminin peut être plus intense et plus profond en raison de ces cycles. Combien votre sensualité pourrait-elle être plus intense et plus engageante si elle suivait ce rythme naturel ?

Connaître les secrets des cycles lunaires peut également vous aider à comprendre le moment opportun pour approcher la personne de vos désirs, quand elle a le plus de chances de vous rendre la pareille ou quand vous vous sentez vous-même le plus en sécurité. N'ignorez pas le besoin d'amour que nous avons tous en nous. Ne le refoulez pas, mais laissez-le devenir votre guide, secret et puissant, éclairé par la lune qui a toujours inspiré et stimulé les amoureux.

La quête éternelle de la richesse et de l'abondance

Dans mon travail, je rencontre rarement des personnes qui se tournent vers le holisme dans le but explicite d'améliorer leur carrière ou leurs conditions de travail.

Cependant, dans mon expérience d'éditeur, j'ai souvent vu des personnes attirées par la dimension spirituelle pour combler un manque de sécurité dans le monde matériel.

Ces personnes n'étaient pas tant préoccupées par la pauvreté elle-même que par l'idée d'en faire l'expérience. L'obsession du manque et la peur constante de ne pas avoir assez d'argent les hantaient. D'autres fois, le désir était de vivre d'une manière plus digne et plus épanouissante que ce que la vie ordinaire semblait offrir.

Au fil du temps, en discutant avec des patients qui m'ont été confiés par des médecins de renom, j'ai découvert une vérité surprenante : de nombreuses maladies liées au cœur, au sang et au système circulatoire trouvent souvent leur origine non seulement dans de mauvaises habitudes alimentaires, mais aussi dans la peur de la pauvreté. Ne vous méprenez pas, un mode de vie malsain a certainement son poids, mais c'est cet état d'alerte constant, cette préoccupation incessante pour l'argent, qui plante les graines du malaise.

Mais d'où vient cette soif d'argent ? D'où vient cette peur de ne jamais en avoir assez ? S'agit-il d'un simple reflet d'insécurité sentimentale ou d'avarice pure ?

J'ai trouvé la réponse en écoutant les histoires des gens, en les abordant lentement, avec empathie. Beaucoup d'entre eux ont été confrontés à de graves problèmes de santé, ont fait d'énormes sacrifices pour obtenir un logement ou pour subvenir aux besoins de leurs proches.

Ils vivent avec la peur que ces difficultés reviennent, comme une ombre toujours prête à resurgir. Cette peur les paralyse, les empêche de

profiter du moment présent et les pousse à faire de mauvais choix ou à faire appel à des collaborateurs peu fiables.

Pourtant, s'ils s'arrêtaient un instant pour observer la lune et la nature, ils découvriraient les cycles qui régissent la vie. La lune nous apprend qu'il y a des temps de repos et des temps de croissance, comme la nature qui, sous sa lumière, devient plus luxuriante, les fruits plus juteux, le vin plus ample, et la vie elle-même plus prospère.

De quoi devons-nous vraiment avoir peur ?

La peur naît de l'ignorance, tandis que la foi s'épanouit lorsque nous trouvons des repères sûrs.

La lune, avec son regard pâle, nous observe constamment, sans jamais nous quitter.

Suivez sa lumière et elle vous guidera même dans les nuits les plus sombres, en vous murmurant qu'il est temps de vous arrêter, de respirer et de trouver la sérénité.

La poursuite éternelle du bonheur

De nombreuses personnes qui viennent me voir pour une approche holistique me parlent de problèmes liés au sommeil, au stress ou à des affections qui tournent autour de ce mot désormais omniprésent : le stress. Il est devenu le coupable universel, la réponse toute faite à tous les maux.

Vous n'arrivez pas à dormir, c'est le stress. Vous ne perdez pas de poids ? C'est le stress. Vous n'êtes pas heureux ? C'est le stress qui est en cause. Je me demande combien de fois quelqu'un s'est assis à côté de ces personnes et les a écoutées attentivement.

Lorsque je leur parlais, je leur demandais souvent :
"Mais ajouter du stress au stress, de la fatigue à la fatigue, peut-être à la salle de sport, comment cela pourrait-il vous aider à gérer le stress ?"

Et c'est à partir de là que les vraies racines du problème ont commencé à émerger.
"Je ne me sens pas heureux parce que..." et la conversation s'oriente alors vers l'amour, les relations, le travail.

Le stress n'est en fait qu'un symptôme. Le vrai problème est une vie déconnectée, aliénée, dépourvue de joie authentique. Mais qu'est-ce que le bonheur ? Les philosophes et les religions ont tenté de le définir, mais en fin de compte, le bonheur est ce moment de plénitude que nous ressentons tous parfois sans même nous en rendre compte. Nous courons souvent après lui comme s'il s'agissait d'une utopie, alors qu'il est déjà présent dans les petites choses de notre vie quotidienne. Je ne voudrais pas paraître hypocrite et vous dire de regarder ceux qui souffrent le plus, mais c'est la vérité. Nous, qui vivons dans des sociétés relativement privilégiées, faisons déjà partie des 20 % les plus riches du monde. Nous avons le temps de penser, d'aimer, de réfléchir. Mais personne ne nous dit que le bonheur absolu n'existe pas. C'est une illusion. La vie est faite de hauts et de bas, comme les vagues de la mer, comme la lune qui alterne sa lumière et son ombre.

La poursuite d'une utopie est un piège. Au lieu de cela, nous devons apprendre à nous concentrer sur ce que nous avons déjà et à éprouver de la gratitude. Acceptez qu'après chaque phase sombre de la lune, il y ait toujours une pleine lune. Les moments de tristesse passent, et avec cette conscience, nous pouvons devenir plus actifs dans la construction de nos vies, en suivant les rythmes de la nature. Comme le vent qui gonfle les voiles et nous fait avancer, nous devons nous laisser guider par le courant, conscients que le bonheur est fait d'instants et non d'une destination finale.

L'amour, l'abondance, le pouvoir : ce ne sont que les différentes faces d'une même pièce. Nous, les êtres humains, constitués d'émotions, de sentiments, de corps et d'expériences, expérimentons ces dimensions de manière unique. Le bonheur, la peur, le stress ne sont rien d'autre que le reflet de la manière dont nous choisissons de gérer ces expériences.

Les rythmes lunaires peuvent être nos alliés, des guides silencieux qui nous montrent le chemin vers les bons choix. Dans ce nouveau calendrier lunaire, je souhaite partager avec vous ce que j'ai appris des cycles de la lune, les secrets qui peuvent vous bénir et les astuces qui peuvent vous aider à vivre en harmonie avec le cosmos.

Mais n'oubliez pas que la lune ne se livre pas facilement. Elle n'est pas comme le soleil, un héros qui naît, vit, meurt et ressuscite. La lune est plutôt une jeune fille amoureuse, mystérieuse et fascinante. Elle se cache et se révèle à ceux qui savent la chercher, à ceux qui sont prêts à suivre ses jeux d'ombre et de lumière.

Pour découvrir ses secrets les plus profonds, pour attirer l'abondance et l'amour dans les pages de votre vie, vous devrez apprendre à lire entre les lignes, à saisir les signaux subtils que la lune vous envoie. Ce n'est qu'à cette condition que vous pourrez véritablement vous laisser guider par sa lumière, vous imprégner de son mystère et découvrir le pouvoir qu'elle a de transformer votre vie...

ENVOÛTÉ PAR LA LUNE

un baiser, une bénédiction

Lorsque je commence à expliquer à mes patients que nombre de leurs problèmes peuvent être résolus simplement en changeant leurs habitudes et leur façon d'aborder la vie, je vois souvent une ombre de scepticisme dans leurs yeux, même s'ils restent silencieux. Ils s'agitent, détournent les yeux, comme s'ils cherchaient une issue.

Au fil du temps, j'ai appris que le fait d'affronter ouvertement leur agitation est la clé pour vaincre leur résistance. Je leur dis : "Si vous avez des doutes, parlez-en ouvertement avec moi..." Et à ce moment-là, quelque chose se débloque. Ils me confient leurs inquiétudes, admettant qu'ils sont attirés par cette philosophie, mais qu'ils ont peur de paraître ridicules ou d'être jugés. Les femmes, en particulier, sont souvent tiraillées entre le désir d'explorer et la peur du jugement.

Nous vivons à une époque si éloignée des cycles naturels, en particulier de la lune, que nous oublions à quel point nos racines culturelles et scientifiques sont liées à ses secrets. L'utilisation de termes tels que "lunatique" pour décrire un changement d'humeur est devenue courante, et nous associons le changement à quelque chose de négatif, oubliant que le changement, c'est la vie, tandis que l'immobilité, c'est la mort.

Les patients masculins, surtout les plus jeunes, ont plus de mal à s'intéresser à ces sujets. Ils aimeraient s'ouvrir, mais la société moderne leur a imposé des schémas rigides qui les bloquent devant les mystères de la Lune. Ces préjugés les enferment dans des cages mentales qui, avec le temps, se transforment en maladies : douleurs dorsales, tensions cervicales, signes d'un corps et d'un esprit incapables de vivre pleinement les émotions et la sexualité.

Pourtant, malgré tout, la lune est toujours là, prête à nous appeler, prête à se dévoiler et à nous enchanter de son regard. Il suffit de s'arrêter, de lever les yeux et de croiser son regard pour accéder à ses secrets les plus profonds et les plus mystérieux.

Mais ce ne sont là que les croûtes de la surface. La lune cache bien plus, pour qui sait regarder au-delà des apparences, entre les plis de son mystérieux manteau. Ne parler de la lune qu'en termes de santé et de désir, c'est comme posséder une robe splendide et ne la porter que devant le miroir.

La lune peut être bien plus que cela : un guide, une source de magie, un moyen de donner et de recevoir du plaisir. Grâce à elle, nous pouvons explorer les profondeurs de notre esprit, percer les mystères de la philosophie et des mathématiques, et même attirer des miracles dans notre vie. Connaître la lune, c'est embrasser l'amour et la science.

Mais comment accéder à ses secrets les plus profonds ? Permettez-moi de vous prendre par la main et de vous guider sur ce nouveau chemin. Laissez-moi vous inspirer, laissez-moi vous enchanter. La lune a beaucoup à te révéler... si seulement tu t'ouvres à sa lumière.

Cycles lunaires

Dans les temps anciens, les initiés croyaient que les maîtres supérieurs les guidaient à travers les signes cachés dans les danses célestes. Et ce n'était pas seulement une croyance : c'était une vérité vécue, une sagesse perçue au cœur des étoiles. C'est ainsi que sont nés les mythes, des histoires qui s'adressent à l'âme humaine et qui lui enseignent le langage secret des étoiles et de leurs mouvements dans le ciel.

Lorsque les grandes civilisations se sont effondrées, ce savoir ancien, ces arcanes scientifiques, se sont fondus dans le mythe, la tradition et même la superstition. Pourtant, même l'essor des empires humains n'a pas réussi à éteindre le souvenir de ces danses cosmiques, qui ont continué à se dérouler, lentement et inexorablement, sous les yeux de ceux qui pouvaient encore voir.

Les danses célestes n'ont pas disparu, mais se sont transformées, s'adaptant aux nouveaux mythes et aux nouvelles religions. Même la science moderne, avec toute sa logique et sa rigueur, a dû accepter la réalité de ce mouvement perpétuel, le passage silencieux de la lune à travers ses huit phases.

Maintenant, dans ce voyage que nous allons entreprendre ensemble, je veux vous montrer comment ces cycles lunaires peuvent être étudiés et compris. Chaque phase de la lune porte en elle une signification, un enseignement, et les interprétations qui en découlent sont le fruit de siècles d'observation et de sagesse.

Imaginez la lune comme un guide silencieux, dont la lueur argentée illumine non seulement la nuit, mais aussi les profondeurs de notre conscience. Lorsque la lune est nouvelle, le ciel est sombre, mais c'est dans cette obscurité que naît la graine de l'intention. Avec le croissant de lune, cette graine commence à germer, apportant avec elle potentiel et croissance. La pleine lune, lumineuse et puissante, est le moment de la révélation, lorsque tout est clair et visible. Enfin, avec la lune décroissante, nous entrons dans le temps de la réflexion et de la libération, une invitation à laisser tomber ce qui ne sert plus.

Chaque phase est une invitation, une porte ouverte vers une compréhension plus profonde de nous-mêmes et du monde qui nous entoure. En suivant ces cycles, nous pouvons harmoniser notre vie avec les rythmes naturels de l'univers, en trouvant l'équilibre et le sens de chaque geste, de chaque choix.

1. **Nouvelle Lune**
   Le cycle lunaire commence avec la Nouvelle Lune, lorsque la Lune se cache entre la Terre et le Soleil, ne nous montrant que sa face cachée. Le ciel nocturne reste presque entièrement noir, avec seulement un soupçon de profil de la lune à peine visible. C'est un moment de silence et de mystère, une obscurité qui nous invite à regarder en nous. La Nouvelle Lune est une toile noire, prête à accueillir nos désirs les plus profonds, nos intentions secrètes. C'est le moment idéal pour planter les graines de nouveaux projets, laissant nos aspirations s'enraciner dans l'ombre.

2. Croissant **Croissant**
   Alors que la Lune entame son voyage vers la plénitude, un fin croissant de lumière apparaît sur son côté droit, augmentant lentement nuit après nuit. Cette phase, le croissant, est comme une première respiration après un long silence. Nous ressentons ici l'énergie de la croissance, une impulsion pour avancer vers nos objectifs avec détermination et espoir. Chaque nuit, à mesure que la lumière de la Lune grandit, notre volonté se renforce également, guidée par l'inspiration et le désir de réaliser ce que nous commençons à peine à imaginer.

3. **Premier** quartier
   Le premier quartier marque un tournant : la moitié de la Lune est maintenant éclairée, tandis que l'autre moitié est encore dans l'ombre. C'est le moment de la confrontation avec les premiers défis, lorsque le chemin vers nos objectifs devient plus clair, mais aussi plus difficile. Cette phase représente l'action, le moment où nous devons prendre des décisions importantes et affronter les obstacles qui se dressent entre nous

et ce que nous désirons. C'est une invitation à trouver l'équilibre, à faire la part de l'ombre et de la lumière en nous.

4. **Croissant Gibbosa**
   Après le premier quartier, la Lune continue de s'étendre, sa lumière s'élargit, remplissant de plus en plus le ciel. La phase Gibbosa Crescente est une période de raffinement, de mise au point de nos plans et de nos actions. C'est comme lorsqu'une plante a dépassé le stade délicat de la croissance initiale et qu'elle a besoin d'une attention particulière pour s'épanouir pleinement. C'est à ce moment-là que la persévérance devient primordiale, que nous affinons les détails et que nous nous rapprochons de plus en plus de la réalisation de nos rêves.

5. Pleine **Lune**
   La pleine lune est une pure magie. Son visage, entièrement illuminé, brille comme un phare dans le ciel nocturne, hypnotisant tous ceux qui le regardent. C'est le point culminant du cycle lunaire, un moment d'achèvement et de réalisation. La pleine lune apporte avec elle une énergie puissante, une lumière qui révèle tout ce qui a été caché dans l'ombre. C'est un moment de vérité, de célébration et de révélation. Les cultures du monde entier ont attribué des significations profondes et mystiques à la pleine lune, l'utilisant pour des cérémonies, des rituels et des moments de connexion spirituelle.

6. **Croissant** décroissant
   Le croissant décroissant marque les dernières étapes du cycle lunaire. La lumière de la Lune est réduite à un mince filet, un fil d'argent qui s'amincit chaque nuit. C'est une période de repos, de guérison, de recueillement intérieur. C'est un temps de calme, un temps pour faire la paix avec nous-mêmes, pour récupérer notre énergie pour le nouveau cycle qui est sur le point de commencer. Le croissant décroissant nous invite à préparer le terrain pour ce qui est à venir, à fermer le cercle, prêt à renaître lors de la prochaine nouvelle lune.

À travers ces phases, la lune nous guide dans un voyage cyclique de croissance, d'introspection et de renouveau. Chaque phase nous offre

une leçon, une occasion d'aligner nos vies sur les rythmes naturels et de découvrir le pouvoir caché en nous.

La pleine lune et la nouvelle lune ne sont que le début, la surface visible d'un mystère beaucoup plus profond. Chaque mois, le cycle lunaire se renouvelle, un voyage continu qui reflète le flux et le reflux de la vie elle-même. Mais si nous nous arrêtons un instant pour approfondir la signification du mot "mois", nous découvrons quelque chose de fascinant.

Dans les langues néo-latines, le mot "mois" trouve ses racines dans l'ancien dieu Mensis, le dieu archaïque de la lune. Ce lien ancestral entre le temps et la lune est également présent dans les langues anglo-saxonnes : le mot "month" dérive de l'ancien "monath", qui signifie "lunaison". Même les Grecs de l'Antiquité reconnaissaient ce lien profond entre la lune et le calcul du temps.

La lune ne marque pas seulement les jours et les mois, elle régit aussi des cycles plus larges et plus complexes. Le cycle lunaire complet, appelé cycle métonique, dure 19 ans. Ce cycle est observé et étudié depuis l'Antiquité, car tous les 19 ans, les phases de la lune se répètent aux mêmes dates du calendrier solaire. Cela signifie que la lune n'influence pas seulement notre présent, mais qu'elle trace également un chemin cyclique répétitif, reliant le passé à l'avenir.

Ces cycles ne sont pas seulement des curiosités historiques ; ce sont des outils puissants qui nous permettent de nous aligner sur les rythmes naturels. Chaque mois, la lune nous offre la possibilité de réfléchir, de grandir et de nous renouveler. Et tous les 19 ans, elle nous invite à regarder en arrière, à revoir notre parcours et à préparer le terrain pour ce qui est à venir.

Lorsque nous réalisons que notre temps est entrelacé avec les mouvements de la lune, nous pouvons commencer à vivre en harmonie avec ces rythmes. Nous ne sommes plus des sujets passifs du temps, mais des participants actifs, dansant avec la lune lorsqu'elle trace sa route dans le ciel. Cette connaissance nous relie aux racines les plus profondes de notre existence, nous rappelant que le temps n'est pas

une simple succession de jours, mais un cycle sacré qui nous accompagne et nous guide.

La lune dans le jardin et sur nos corps

L'étude et l'observation des cycles de la lune ont toujours été la méthode la plus simple et la plus intuitive que j'ai utilisée pour expliquer à mes élèves les effets et les significations profondes des lunaisons. Cependant, même après avoir introduit cette stratégie, j'ai souvent remarqué un voile de confusion dans leurs yeux. C'est normal, la première fois est toujours la plus difficile.

"Mais comment puis-je vraiment comprendre le fonctionnement de la lune ? C'est la question qui surgit inévitablement après une réflexion silencieuse. Avec le temps, j'ai compris que la meilleure façon de faire sentir la magie de la lune est d'utiliser le calendrier biodynamique et de montrer comment la lune affecte à la fois notre jardin et notre corps.

Nouvelle lune

Lorsque la Nouvelle Lune enveloppe le monde de son obscurité sereine, c'est comme une nuit d'hiver dans le jardin. Tout semble calme, mais sous la surface, la terre se prépare à renaître. C'est un temps de repos, de régénération. Tout comme la terre se recueille, notre corps a besoin de repos et d'introspection. Nos cellules, telles des graines cachées sous la terre, se préparent à un nouveau départ. C'est le moment de fixer des intentions, tant pour le jardin que pour la vie. À ce stade, notre corps assimile mieux les nutriments, tout comme la terre se prépare à nourrir les futures plantes.

Crescent Crescent

Lorsque le croissant de lune commence à éclairer le ciel, la terre s'éveille et s'ouvre à la vie. C'est le moment où le sol devient plus généreux, libérant volontiers ses nutriments, répondant à l'attraction de la lune. Au jardin, c'est le moment idéal pour semer les légumes à feuilles, les céréales et les herbes aromatiques. De même, notre corps commence à répondre à cette énergie de croissance : c'est le moment

idéal pour prendre de nouvelles habitudes saines, pour nourrir non seulement le corps mais aussi l'esprit. C'est comme si notre corps était prêt à absorber le meilleur, tout comme la terre accueille les graines.

Premier trimestre

Lorsque la lune se gonfle au premier quartier, sa lumière rayonnante signale une phase de fortification. L'énergie se déplace vers le haut, poussant les plantes fruitières à graines internes, telles que les tomates et les pois, à croître vigoureusement. Notre corps répond lui aussi à cette poussée énergétique, en se fortifiant et en se préparant à surmonter les obstacles. Tout comme les plantes renforcent leurs tiges, nous pouvons nous aussi renforcer notre détermination et notre résistance. C'est le moment de prendre des décisions, de relever des défis et de prendre des mesures concrètes pour atteindre nos objectifs.

gibbeux croissant

Avec le croissant de lune gibbeux, la lumière de la lune s'étend, illuminant presque tout le ciel nocturne. C'est une période de finition et de mise au point. Dans le jardin, les plantes sont sur le point de s'épanouir pleinement et nécessitent des soins particuliers pour atteindre la perfection. De même, notre corps est au sommet de son énergie, prêt à affiner ses compétences et à se concentrer sur les détails qui font la différence. C'est une période de persévérance, d'amélioration continue, où chaque petit pas nous rapproche de la réalisation de nos rêves, tout comme les plantes approchent de la maturité.

Pleine lune

Lorsque la pleine lune domine le ciel, le jardin est rempli d'énergie. Les plantes sont à leur plein potentiel, prêtes à être récoltées. C'est le moment où les herbes médicinales sont les plus puissantes, et il n'y a pas de temps à perdre pour les récolter et préserver leur pouvoir. Notre corps est également affecté par cette énergie maximale : c'est le temps de la révélation, de l'abondance et de la célébration. Les émotions et les intuitions sont à leur apogée, tout comme les plantes atteignent leur maturité. C'est le moment de récolter les fruits de notre travail intérieur et physique, de jouir des résultats obtenus.

Gibbosa en perte de vitesse

Après le pic de la pleine lune, la lumière commence à diminuer et la lune entre dans la phase gibbeuse décroissante. Dans le jardin, c'est le moment où l'énergie commence à se retirer dans les racines, ce qui en fait le moment idéal pour planter des légumes souterrains tels que les carottes et les oignons. Le sol absorbe et conserve l'énergie, préparant ainsi la saison suivante. Notre corps commence également à se retirer dans une phase de réflexion et d'introspection. C'est le moment de rassembler ses pensées, de se débarrasser de ce qui n'est plus nécessaire et de nourrir les racines de notre bien-être intérieur.

Dernier trimestre

Avec l'arrivée du dernier quartier, la moitié de la lune est éclairée, mais la lumière diminue lentement. Dans le jardin, c'est une période de préparation, d'auto-évaluation et de réévaluation. Les plantes emmagasinent de l'énergie pour la saison à venir, et nous faisons de même. C'est le moment de réfléchir à ce qui a fonctionné et à ce qui doit être abandonné. C'est le moment de se débarrasser du superflu, de faire le ménage à l'intérieur et à l'extérieur, pour faire de la place à ce qui est à venir.

Croissant décroissant

Enfin, le croissant décroissant marque les dernières étapes du cycle lunaire. La lumière se réduit à un mince filet, un dernier murmure avant la renaissance. Dans le jardin, c'est le temps du repos, de la guérison et de la préparation du terrain pour le cycle suivant. Notre corps entre également dans une phase d'immobilité, un temps de récupération et de réflexion. C'est le moment de conserver l'énergie, d'en récolter les fruits et de se préparer à un nouveau départ, tout comme la terre se prépare à la prochaine saison de croissance.

Jardiner avec la lune n'est pas seulement une pratique ancienne, c'est aussi une façon de s'accorder aux rythmes naturels de la vie, de mieux comprendre notre corps et le monde qui nous entoure. Chaque phase de la lune nous parle, nous guide, nous montre comment vivre en harmonie avec la nature. Tout comme nos légumes poussent et se transforment en suivant les cycles de la lune, nous pouvons nous aussi trouver un équilibre et une croissance constante en nous laissant guider

par la lumière de la lune. Après tout, les secrets de la nature ne sont pas cachés ; ils sont là, bien en vue, prêts à être découverts par ceux qui ont le cœur ouvert et l'œil attentif.

la lune pour la beauté et les cheveux

Lorsque j'ai commencé ma profession, j'étais convaincue que les gens cherchaient principalement à guérir ou à se maintenir en forme. Mais avec le temps, j'ai découvert qu'il y avait bien plus. En écoutant vraiment, en lisant entre les lignes de leurs mots, j'ai réalisé que leurs désirs les plus profonds concernaient l'amour, la séduction, le charme. C'est à travers ces conversations que j'ai commencé à découvrir un autre aspect de la lune, qui va au-delà de la santé physique.

Certains de mes étudiants m'ont avoué qu'ils observaient les cycles de la lune pour prendre soin de la beauté de leur visage, de leur peau et de leurs cheveux. Cela m'a fait réfléchir : la lune n'est pas seulement un guide de bien-être, mais aussi un puissant allié de la beauté et de la séduction. Pourquoi alors me limiter à parler de santé ?

Devant votre curiosité grandissante, j'ai décidé de partager avec vous quelques informations sur la façon d'utiliser la lune pour mettre en valeur votre beauté naturelle. Je suis sûre qu'une fois que vous aurez essayé, vous me remercierez !

Nouvelle lune : le moment du renouveau

Lorsque la nouvelle lune assombrit le ciel, c'est le moment idéal pour prendre un nouveau départ. Tout comme la nature se prépare à renaître, vous pouvez vous aussi entamer un cycle de beauté régénérateur. Si vous souhaitez stimuler la croissance de vos cheveux, c'est le moment idéal pour vous couper les cheveux. On pense que le fait de couper les cheveux pendant la Nouvelle Lune favorise une croissance plus rapide et plus saine, les rendant plus épais et plus forts. De même, votre peau est particulièrement réceptive pendant cette phase. Introduisez de nouveaux traitements, tels que des sérums nourrissants ou des masques détoxifiants, et vous verrez que votre peau absorbera mieux les ingrédients actifs, se préparant ainsi à un renouvellement en profondeur.

Crescent Crescent : La force de croissance

Avec l'apparition du croissant de lune, l'énergie lunaire croît et s'intensifie. C'est le moment idéal pour donner un coup de fouet à votre routine beauté. Couper les cheveux pendant cette phase les rendra plus forts et plus épais, en profitant de l'énergie ascendante de la lune qui stimule la régénération du corps. C'est également le moment idéal pour se concentrer sur les soins de la peau : les traitements nourrissants et hydratants aideront à réparer la barrière cutanée et à reconstituer l'hydratation, tout comme la terre commence à nourrir les jeunes semis.

Premier trimestre : renforcer et protéger

Au premier quartier, la lune est à moitié éclairée, marquant un équilibre entre l'ombre et la lumière. C'est le moment idéal pour renforcer et protéger les cheveux. Couper les cheveux pendant cette phase peut contribuer à rendre les mèches plus fortes et moins sujettes à la casse, sans modifier radicalement la longueur. Pour la peau, c'est le moment d'évaluer votre routine et d'introduire des produits protecteurs tels que les antioxydants et les écrans solaires. Tout comme le jardin se prépare à résister aux aléas climatiques, votre peau peut également être fortifiée contre les agressions extérieures.

Cultiver la gibbosité : Nourrir et affiner

Avec le croissant de lune, le clair de lune s'étend, et votre routine beauté devrait en faire autant. C'est le moment de nourrir vos cheveux en profondeur avec des traitements intensifs pour les rendre plus épais et plus forts. Pensez aux soins en profondeur ou aux masques nourrissants, qui peuvent faire des merveilles pour la vitalité de vos cheveux. Votre peau bénéficie également de ce regain d'énergie : les traitements hydratants et anti-âge sont particulièrement efficaces en ce moment. Superposez sérums et crèmes pour un effet régénérant qui rendra votre peau éclatante et saine, comme une plante qui absorbe chaque goutte de nourriture.

Pleine lune : le moment de l'apogée

Lorsque la pleine lune domine le ciel, tout atteint son apogée. C'est le moment idéal pour effectuer des changements importants, comme une coupe de cheveux radicale. Nombreux sont ceux qui pensent que le fait de couper les cheveux sous la pleine lune les rend plus pleins et plus vivants, ce qui permet de conserver le nouveau style plus longtemps, même si la croissance ralentit. Sous cette puissante lumière, votre peau est prête à briller. Les traitements éclaircissants et exfoliants sont particulièrement efficaces, vous aidant à obtenir un éclat radieux. Offrez-vous un rituel de beauté luxueux et laissez votre peau refléter toute la lumière de la lune.

Gibbosa décroissant : Purifiant et relaxant

Avec la phase de Gibbosa décroissante, la lumière de la lune commence à s'estomper, et avec elle l'énergie. C'est le moment de ralentir, de nettoyer et de se détendre. Si vous souhaitez conserver une coiffure courte ou ralentir la pousse des cheveux, c'est le bon moment pour une coupe. L'énergie de cette phase permet de conserver la forme de la coupe plus longtemps. Pour la peau, c'est le moment de la détoxification : des masques purifiants au charbon ou à l'argile permettent d'éliminer les impuretés et de nettoyer les pores en profondeur. Des ingrédients apaisants tels que l'aloe vera et la camomille apaisent et régénèrent la peau, la préparant ainsi à la phase suivante.

Dernier trimestre : lâcher prise et se régénérer

Au dernier quartier, la lune rétrécit à nouveau, nous incitant à nous débarrasser de ce qui n'est plus nécessaire. C'est le bon moment pour enlever les pointes de cheveux abîmées, ce qui aide les cheveux à rester sains et forts. Pour la peau aussi, c'est une période de simplification. Concentrez-vous sur une routine essentielle comprenant un nettoyage en douceur, une hydratation et une protection. Si vous envisagez des interventions cosmétiques mineures, c'est une phase favorable à la guérison, car la peau est en état d'équilibre et de cicatrisation.

Croissant décroissant : repos et préparation

Enfin, le croissant décroissant, ou lune noire, nous invite à nous reposer et à nous préparer à un nouveau cycle. Il est généralement déconseillé de couper les cheveux pendant cette phase, car l'énergie est au plus bas. Toutefois, si vous souhaitez ralentir la pousse des cheveux, une coupe légère peut être utile. Pour la peau, c'est une période de minimalisme et de récupération. Évitez les traitements agressifs et concentrez-vous sur une routine simple qui permettra à votre peau de se régénérer en vue de la Nouvelle Lune à venir.

CALENDRIER LUNAIRE 2025

La nouvelle année en un coup d'œil

L'année commence avec le **croissant de lune en Verseau** le 3 janvier, une période où l'innovation et les idées non conventionnelles prennent forme. Dans cette lumière, nous sommes poussés à explorer de nouveaux horizons et à rompre avec les vieilles habitudes. Le 6 janvier, le **premier quartier de lune en Bélier** intensifie cette énergie, nous encourageant à agir avec courage et esprit de pionnier. C'est une invitation à prendre des initiatives et à se lancer dans des projets audacieux. Le 13 janvier, la **pleine lune en Cancer** atteint son apogée, illuminant nos émotions les plus profondes et soulignant l'importance du foyer, de la famille et des relations. C'est le moment de se connecter à ce qui nous nourrit émotionnellement.

Le mois de février poursuit cette exploration intérieure avec le **croissant de lune en Poissons du** 1er février, qui nous plonge dans une période d'introspection et d'inspiration créative. C'est le moment de rêver, de se laisser guider par l'intuition. Le 12 février, la **pleine lune en Lion** nous incite à nous exprimer fièrement et à briller sur la scène de la vie. C'est une période où nous sommes encouragés à montrer au monde qui nous sommes vraiment, sans craindre d'être jugés. Vers la fin du mois, le 28 février, la **Nouvelle Lune en Poissons** nous invite à planter des graines de compassion et de croissance spirituelle, nous préparant à de nouveaux départs dans le domaine des émotions et des connexions spirituelles.

Le mois de mars apporte avec lui une charge d'énergie. Le 3 mars, le **croissant de lune en Bélier** nous incite à nous lancer dans de nouvelles initiatives avec enthousiasme et courage, tandis que le 14 mars, la **pleine lune en Vierge** équilibre cette énergie ardente par une plus grande attention aux détails, à l'organisation et à la santé. Elle nous rappelle qu'il faut s'occuper des aspects pratiques de notre vie. Le mois se termine par la **Nouvelle Lune en Bélier** le 29 mars, un moment fort pour affirmer notre individualité et lancer de nouveaux projets qui reflètent ce que nous sommes vraiment.

Le voyage lunaire d'avril est caractérisé par l'énergie nourricière du **croissant de lune en Taureau du** 1er avril, qui nous encourage à nous concentrer sur la stabilité et la sécurité matérielle. C'est le moment de profiter des plaisirs simples de la vie et de renforcer nos fondations. Le 13 avril, la **pleine lune en Balance** attire l'attention sur les relations, soulignant le besoin d'équilibre et d'harmonie dans nos interactions. La **Nouvelle Lune en Taureau,** le 27 avril, est le moment idéal pour fixer des intentions liées à la sécurité financière et aux valeurs personnelles.

Les phases lunaires du mois de mai continuent de nous ancrer dans la réalité. Le mois commence avec le **croissant de lune en Gémeaux** le 1er mai, qui stimule la curiosité et le désir de communiquer. C'est le moment idéal pour apprendre de nouvelles choses et entrer en contact avec les autres. Le 12 mai, la **pleine lune en Scorpion** plonge dans les mystères de la psyché, révélant des vérités cachées et favorisant la transformation intérieure. À la fin du mois, le 27 mai, la **Nouvelle Lune en Gémeaux** ouvre un nouveau chapitre dans l'apprentissage et les relations sociales, nous invitant à élargir notre esprit et nos relations.

Le mois de juin nous pousse à la croissance et à l'expansion. Le 3 juin, le **premier quartier en Vierge** nous encourage à nous concentrer sur la productivité et l'efficacité, tandis que le 11 juin, la **pleine lune en Sagittaire** nous incite à rechercher la vérité et l'aventure. C'est une invitation à explorer de nouvelles idées et à élargir nos horizons. Avec la **Nouvelle Lune en Cancer**, le 25 juin, il est temps d'entretenir nos bases émotionnelles et de renforcer les liens familiaux, afin de créer un environnement sûr et accueillant pour nous-mêmes et ceux que nous aimons.

Le mois de juillet apporte une énergie vibrante et expansive. Le 2 juillet, le **premier quartier de la Balance** souligne l'importance des partenariats et de la collaboration, tandis que le 10 juillet, la **pleine lune du Capricorne** met un point d'orgue aux objectifs de carrière et aux réalisations publiques. C'est le moment de reconnaître nos efforts et de célébrer nos réussites. Le 24 juillet, la **Nouvelle Lune en Lion** nous encourage à exprimer notre créativité et à prendre le contrôle de notre vie avec confiance et joie.

Le mois d'août commence avec le **premier trimestre en Scorpion**, le 1er août, qui apporte intensité et concentration à nos efforts. C'est le moment d'aller en profondeur et de relever les défis avec détermination. Le 9 août, la **pleine lune en Verseau** met l'accent sur notre rôle dans la communauté et nous incite à penser en termes de communauté. La **Nouvelle Lune en Vierge,** le 23 août, est l'occasion de prendre des résolutions en matière de santé et d'apporter des améliorations pratiques à notre vie quotidienne, en mettant l'accent sur l'efficacité et les soins personnels.

Le mois de septembre se poursuit sur le thème de la croissance émotionnelle et spirituelle. Le 7 septembre, la **Pleine Lune en Poissons** approfondit nos liens émotionnels et spirituels, nous invitant à explorer notre monde intérieur. Le 21 septembre, la **Nouvelle Lune en Vierge** offre une excellente occasion d'affiner nos routines et de nous concentrer sur l'amélioration de soi, en mettant de l'ordre et de la clarté dans nos vies.

Le mois d'octobre commence par une explosion d'énergie. Le 7 octobre, la **pleine lune en Bélier** nous incite à prendre des initiatives et à nous affirmer avec force. C'est une période d'action et d'épanouissement personnel. Le 21 octobre, la **Nouvelle Lune en Balance** nous offre la possibilité de recommencer à zéro dans nos relations, en mettant l'accent sur l'équilibre et l'harmonie dans nos liens les plus intimes.

Le mois de novembre est placé sous le signe de la stabilité et de la transformation. Le 5 novembre, la **pleine lune en Taureau** met en lumière les questions de sécurité et de richesse matérielle, nous invitant à réfléchir à ce qui nous apporte stabilité et confort. Le 20 novembre, la **Nouvelle Lune en Scorpion** marque un temps fort de renouvellement émotionnel profond, nous incitant à accepter le changement et à transformer notre vie.

Enfin, le mois de décembre clôture l'année en mettant l'accent sur la clarté et la communication. Le 4 décembre, la **Pleine Lune en Gémeaux** encourage le dialogue ouvert et le partage des idées, tandis que le 20 décembre, la **Nouvelle Lune en Sagittaire** nous prépare à de nouvelles aventures et à une pensée expansive, jetant les bases pour accueillir la nouvelle année avec un esprit ouvert et aventureux.

JANVIER 2025

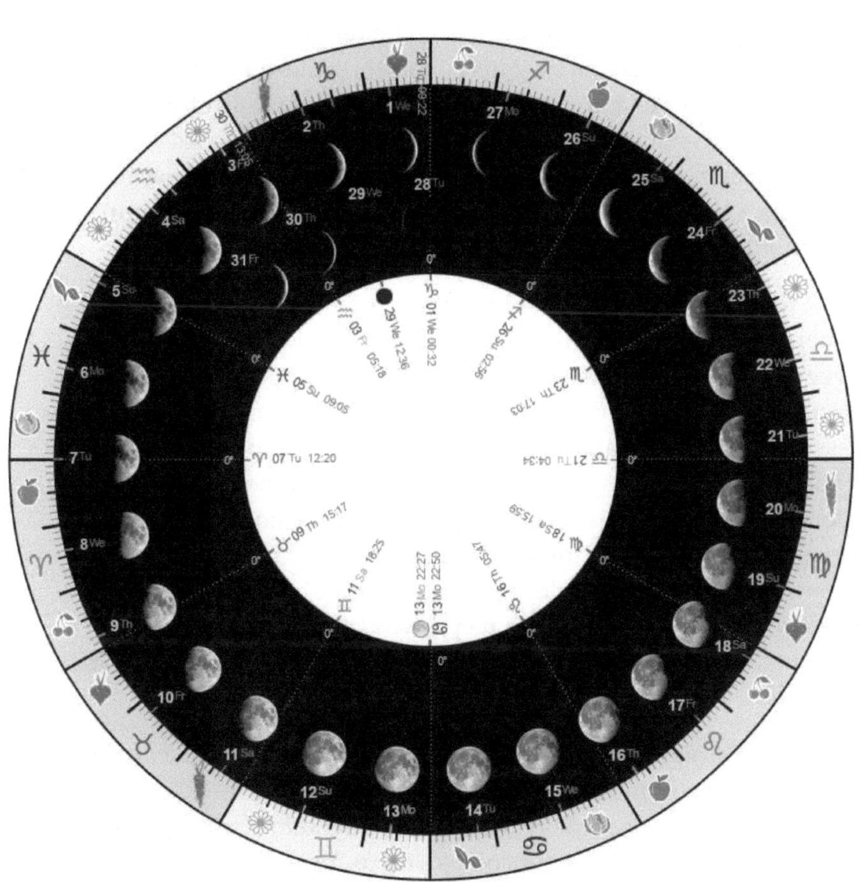

Lorsque le mois de janvier commence le 3, avec le **Croissant de Lune en Verseau**, vous ressentez un vent frais d'innovation et de liberté. C'est comme si le Verseau, avec son esprit rebelle et non conventionnel, vous invitait à explorer de nouveaux horizons, tant sur le plan amoureux que financier. Les relations sous cette influence pourraient être empreintes d'un désir de plus grande indépendance. Vous et votre partenaire pourriez ressentir le besoin de renouveler vos liens, en trouvant d'autres façons de vous connecter, peut-être plus basées sur l'amitié et la connexion intellectuelle que sur les rôles traditionnels. Sur le plan financier, c'est le moment idéal pour envisager des investissements dans des projets tournés vers l'avenir, en particulier ceux liés à la technologie ou aux initiatives communautaires qui remettent en question le statu quo.

Puis, le 6 janvier, la Lune atteint son **premier quartier en Bélier** et l'énergie change. Le moment est venu de passer à l'action. Le Bélier, avec sa nature impétueuse et audacieuse, vous pousse à prendre des décisions fortes et à agir avec détermination. En amour, vous pouvez ressentir le besoin d'aborder des questions non résolues ou d'exprimer plus ouvertement vos passions. S'il y a un conflit non résolu, c'est le moment de l'éclaircir, avec la force et le courage nécessaires pour le résoudre une fois pour toutes. Sur le plan financier, c'est le moment de prendre des risques calculés et d'avancer avec confiance vers vos objectifs. Attention toutefois à ne pas vous laisser guider par l'impulsivité : les actions décisives doivent être équilibrées par la sagesse.

Lorsque le **croissant gibbeux** arrive **en Gémeaux** le 10 janvier, l'accent est mis sur la communication et l'adaptabilité. Au cours de cette période, un dialogue ouvert devient essentiel dans les relations. C'est le moment idéal pour avoir ces conversations à cœur ouvert que vous avez remises à plus tard, pour découvrir de nouvelles facettes de votre partenaire à travers la communication. La stimulation intellectuelle devient essentielle pour approfondir les liens. Sur le plan financier, cette phase est idéale pour recueillir des informations, explorer différentes options et peut-être diversifier vos investissements. La flexibilité est essentielle : restez ouvert aux nouvelles possibilités et soyez prêt à vous adapter aux changements.

Le 13 janvier, sous la **pleine lune en Cancer**, l'énergie s'intensifie sur le plan émotionnel. C'est une période où le besoin de sécurité et de réconfort en amour devient plus fort. Vos relations peuvent atteindre un sommet d'intimité et de connexion émotionnelle. Vous pouvez vous sentir plus vulnérable, mais aussi plus désireux de nourrir et de protéger vos liens les plus étroits. C'est le moment idéal pour se concentrer sur le foyer et la famille, et répondre aux besoins émotionnels non satisfaits. Sur le plan financier, l'influence du Cancer vous incite à adopter une approche prudente, en préférant les investissements qui offrent une sécurité à long terme, comme l'immobilier ou les entreprises familiales.

Le 17 janvier, la Lune entre dans la phase de **Dissémination en Vierge**, et l'énergie se tourne vers l'aspect pratique. En amour, c'est une période où le soin des détails devient crucial. Vous pouvez vous sentir poussé à travailler sur les petits défauts de la relation, en essayant de l'améliorer par des actes de service et en prêtant attention aux besoins de votre partenaire. C'est le moment de montrer votre amour non seulement par des mots, mais aussi par des actions concrètes et bienveillantes. Sur le plan financier, l'influence de la Vierge vous encourage à mettre de l'ordre dans vos finances, à établir des budgets et à peaufiner vos plans pour un maximum d'efficacité et de stabilité.

Lorsque le **dernier quartier** arrive **en Scorpion** le 21 janvier, l'énergie devient plus intense et transformatrice. Au cours de cette période, les relations peuvent connaître des moments d'introspection et de révélation profondes. Le Scorpion vous pousse à plonger dans vos émotions les plus cachées, à faire face à des vérités que vous avez peut-être évitées. Cela peut conduire à une transformation significative, vous permettant de laisser tomber les vieux schémas et d'ouvrir la voie à une intimité plus authentique et plus profonde. Sur le plan financier, cette phase est le bon moment pour procéder à des changements radicaux, peut-être en réduisant les pertes ou en revoyant les stratégies qui ne vous servent plus. C'est une période de renouveau, même si les transitions peuvent être inconfortables.

Le 25 janvier, avec la **Lune balsamique en Sagittaire**, vous vous trouvez dans une période de réflexion et de contemplation. En amour,

cette phase vous invite à avoir une vue d'ensemble et à chercher un sens plus profond à vos relations. C'est une période de guérison, où vous pouvez laisser aller les vieilles blessures et vous préparer à un nouveau départ. Sur le plan financier, le Sagittaire favorise les investissements dans l'éducation, les voyages et tout ce qui peut élargir vos horizons. C'est le moment d'aligner vos objectifs à long terme sur vos croyances et aspirations personnelles.

Enfin, le 29 janvier, la **Nouvelle Lune en Verseau** marque le début d'un nouveau chapitre, tant sur le plan amoureux que financier. Cette nouvelle lune apporte avec elle l'énergie visionnaire du Verseau, vous poussant à fixer des intentions qui valorisent l'individualité dans les relations. C'est le moment d'adopter des changements qui profiteront aux deux partenaires, en favorisant la croissance et l'innovation. Sur le plan financier, c'est le moment idéal pour investir dans des idées novatrices, des technologies ou des causes sociales. L'accent est mis sur l'avenir, et cette Nouvelle Lune vous encourage à faire des pas vers l'indépendance financière et à explorer de nouvelles opportunités avec courage et clairvoyance.

La lune dans le jardin

Le mois commence avec le **croissant de lune** du 3 janvier, moment idéal pour semer les plantes annuelles qui poussent au-dessus de la surface du sol. C'est le moment idéal pour planter des plantes à feuilles, des céréales, des herbes et des concombres. Le croissant de lune favorise une croissance luxuriante, ce qui rend cette phase également excellente pour tondre la pelouse et greffer ou tailler des plantes si vous souhaitez stimuler une croissance vigoureuse.

Lorsque la Lune entre dans son **premier quartier** le 6 janvier, l'énergie continue de se concentrer sur les cultures aériennes.

C'est le bon moment pour accorder une attention particulière aux plantes à feuilles et aux céréales. Le jardin est encore dans une phase d'accumulation d'énergie, ce qui rend cette période excellente pour les actions qui favorisent un développement fort et sain.

Avec l'arrivée du **Croissant de Lune** le 7 janvier, l'accent se déplace légèrement vers les plantes fruitières, tout en continuant à inclure les

céréales et les fleurs. À l'approche de la Pleine Lune, l'énergie du jardin atteint son apogée. C'est le moment idéal pour semer ce que vous souhaitez voir fructifier, au sens propre comme au sens figuré. L'énergie étant à son maximum, c'est le moment idéal pour greffer, tailler et entretenir la pelouse, afin d'assurer une croissance luxuriante.

Le **13 janvier**, la **pleine lune** marque une étape importante. C'est le moment de faire une pause, de réfléchir aux progrès réalisés dans le jardin et de célébrer les fruits de votre travail.

À ce stade, l'accent est mis non plus sur le travail actif, mais sur la récolte des herbes médicinales, dont on pense qu'elles ont atteint leur plus haut potentiel.

C'est le moment de se reposer et de méditer, pour permettre aux énergies de se stabiliser et de se rééquilibrer.

Immédiatement après, avec le début de la **gibbeuse décroissante** le 14 janvier, l'énergie se concentre sur le sous-sol. C'est le moment de planter des racines, des arbres, des arbustes et des plantes vivaces. La Lune commence à décliner et l'énergie se retire dans la terre, ce qui en fait le moment idéal pour récolter, fertiliser et transplanter.

À ce stade, la taille et la tonte doivent être effectuées de manière à réduire la croissance, en accord avec l'énergie décroissante de la Lune.

Le **21 janvier**, avec l'arrivée du **dernier trimestre**, l'accent est mis sur l'alimentation des racines et la plantation des plantes vivaces. C'est le moment de poursuivre la taille dans le but de contrôler et de contenir la croissance, en veillant à ce que les plantes se concentrent sur leurs racines.

Lorsque la Lune entre dans la phase du **croissant décroissant** le 23 janvier, le jardin entre dans une phase de repos et de dépouillement.

C'est le moment d'éviter les semailles et de se concentrer sur les récoltes, la conservation des cultures, la fertilisation et l'élimination des mauvaises herbes.

Cette phase prépare le jardin pour le cycle suivant, en réduisant la croissance inutile et en veillant à ce que tout soit prêt pour la prochaine Nouvelle Lune.

Enfin, la **Nouvelle Lune** du 29 janvier marque une nouvelle période de repos et de réflexion. Pendant cette période, le jardinage actif est interrompu pour laisser place à la méditation et à la célébration des cycles naturels.

Le 30 janvier, avec le retour du **croissant de lune**, le cycle recommence. Il est temps de recommencer à planter des plantes annuelles en pleine terre et de préparer le jardin à une nouvelle phase de croissance et d'activité, en reprenant avec une énergie et une intention renouvelées.

FÉVRIER 2025

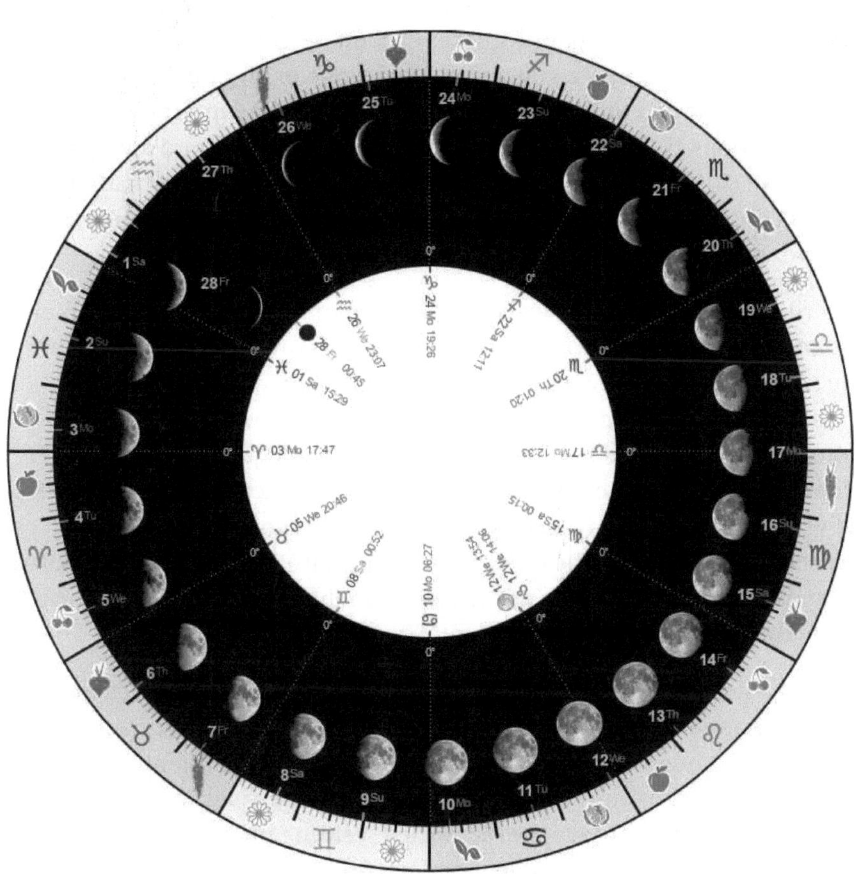

Le mois de février commence par une vibration délicate et rêveuse lorsque le croissant de lune en Poissons prend place dans le ciel le 1er février. À cette époque, vous vous trouvez plongé dans un monde d'émotions et d'intuitions profondes. Vous ressentez le besoin de vous connecter à un niveau plus profond dans vos relations, laissant la compréhension et l'empathie guider chacun de vos gestes. C'est une période où vous pouvez vous permettre de rêver en grand, en imaginant ce que vous voulez pour l'avenir, tant en amour que dans vos ambitions financières. Ce n'est pas encore le moment d'agir, mais plutôt de cultiver ces rêves, en les nourrissant de votre imagination et en les considérant comme des graines plantées pour la prospérité future.

Au fil des jours, vous sentez l'énergie changer. Le 5 février, le premier quartier en Taureau apporte un sentiment de concret. C'est le moment de transformer vos rêves en réalités tangibles. En amour, vous ressentez le besoin de renforcer les liens par des gestes concrets et affectueux, comme le partage de moments privilégiés ou l'aménagement d'un espace douillet à deux. Vos actions sont délibérées et visent à construire des bases solides pour l'avenir. Sur le plan financier également, cette énergie vous pousse à prendre des décisions pratiques et stables, à faire des investissements qui parlent de sécurité et de durabilité.

Le 8 février, la Lune entre dans sa phase gibbeuse en Cancer, ce qui s'accompagne d'émotions plus profondes et d'un besoin croissant de protection. Vous vous sentez attiré(e) par les soins et l'attention que vous portez à ceux que vous aimez, renforçant ainsi les liens qui vous donnent un sentiment d'appartenance. C'est une phase où la chaleur familière et les petits gestes de gentillesse peuvent créer un environnement de sécurité et de confort. Sur le plan financier, vous pouvez vous sentir poussé à mettre de l'ordre dans vos ressources, peut-être en investissant dans des projets liés à la maison ou offrant une plus grande stabilité.

Le 12 février, la pleine lune en Lion apporte une vague d'énergie dramatique et passionnée. Votre cœur peut brûler du désir d'être vu, reconnu et aimé. C'est une période où les émotions sont à leur comble

et où vous ressentez le besoin de vous exprimer avec courage et créativité, tant en amour qu'au travail. C'est le moment de vous montrer au monde, de mettre en valeur vos talents et d'attirer l'attention sur ce que vous faites de mieux. Dans le domaine des finances également, l'influence du Lion vous encourage à faire preuve d'audace, à occuper le devant de la scène et à ne pas avoir peur de briller.

En février, le 16, la Lune en dissémination en Balance vous invite à rechercher l'équilibre et l'harmonie. Vous ressentez l'urgence de rétablir l'équilibre dans vos relations, en recherchant des compromis et en veillant à ce que vous et votre partenaire vous sentiez entendus et appréciés. C'est une période favorable pour résoudre les conflits et partager les ressources afin que vous en profitiez tous les deux. Sur le plan financier, vous pourriez revoir vos partenariats ou vos investissements, en veillant à ce qu'ils soient équitables et conformes à vos objectifs à long terme.

Le 20 février, le dernier quartier en Sagittaire vous encourage à vous libérer des restrictions. Vous ressentez le besoin d'explorer de nouvelles possibilités, de vous défaire de vieilles croyances ou habitudes qui vous freinent, que ce soit en amour ou en argent. C'est une phase de réflexion profonde, où des conversations honnêtes avec vous-même ou votre partenaire peuvent conduire à une nouvelle clarté sur vos objectifs futurs et le besoin d'une plus grande indépendance. Dans le domaine financier, vous pouvez vous sentir attiré par l'idée d'élargir vos horizons, d'explorer de nouveaux marchés ou de vous libérer d'obligations qui ne vous servent plus.

Enfin, le 24 février, lorsque la Lune se retire dans sa phase douce en Capricorne, l'énergie devient plus introspective et plus concentrée. C'est le moment de régler les derniers détails et de se préparer à un nouveau départ. En amour, il peut s'agir de résoudre des problèmes persistants ou de planifier l'avenir en s'appuyant sur des bases solides et des objectifs communs. Sur le plan financier également, il est temps de préserver les ressources, de finaliser les projets et de se préparer aux nouvelles opportunités qui se présenteront lors de la prochaine Nouvelle Lune.

Ainsi, le 28 février, la Nouvelle Lune en Poissons clôt la boucle du mois, vous ramenant à cette énergie rêveuse et intuitive avec laquelle tout a commencé. Cette Nouvelle Lune est une invitation à recommencer, à fixer de nouvelles intentions pour des connexions émotionnelles profondes et la réalisation de vos rêves. Fiez-vous à votre intuition, embrassez l'inconnu et permettez à votre guidance intérieure de vous guider vers une croissance authentique et significative. En amour et dans les finances, il est temps de faire de la place pour le nouveau, avec la confiance que vos rêves les plus chers commencent à prendre forme.

La lune dans le jardin

Février 2025 vous invite à vous accorder aux rythmes de la Lune pour harmoniser votre jardinage avec les cycles naturels de croissance et de repos. Lorsque le mois commence avec le croissant de lune du 1er février, sentez l'énergie du jardin s'éveiller. C'est le moment idéal pour planter des plantes annuelles, celles qui poussent au-dessus de la surface du sol, comme les légumes à feuilles, les céréales et les herbes. La terre semble prête à recevoir vos efforts et répond par une croissance luxuriante. En enfonçant vos mains dans la terre, vous sentez le lien entre vous et les plantes qui commencent à peine à germer, comme si chaque graine plantée était un acte de confiance dans l'avenir. Même la pelouse, dans cette lumière, peut bénéficier d'une coupe qui stimulera une croissance plus dense et plus luxuriante.

Lorsque la Lune approche de son premier quartier le 5 février, vous ressentez une intensification de l'énergie. Les plantes que vous avez plantées semblent prendre vie avec une force nouvelle. Il est temps de continuer à nourrir ces cultures, de les soigner avec dévouement. Le jardin semble répondre à chacun de vos gestes, chaque taille, chaque tonte de la pelouse devient une façon d'encourager une croissance plus forte, comme si la nature répondait à votre contact avec gratitude.

Lorsque la Lune croît et atteint la phase gibbeuse ascendante le 6 février, vous remarquez que le centre d'intérêt du jardin se déplace légèrement. Les plantes fruitières commencent à réclamer vos soins. Leurs bourgeons gonflent, promettant l'abondance. C'est une période où tout semble palpiter de vie, le jardin est un organisme en expansion.

C'est le moment de greffer et de tailler, de préparer le sol pour que les plantes puissent produire les meilleurs fruits.

Avec l'arrivée de la pleine lune le 12 février, on sent un changement dans l'air. Le jardin est immobile, presque en attente. C'est le moment d'admirer ce que vous avez créé, de faire une pause dans le travail actif et de réfléchir aux progrès accomplis.

Les herbes médicinales que vous avez cultivées sont à leur plein potentiel, prêtes à être récoltées, alors que la Lune les bénit de sa lumière éclatante. Ce moment est sacré, comme si le jardin lui-même vous invitait à célébrer son abondance.

Après la Pleine Lune du 13 février, l'énergie commence à s'estomper avec une gibbosité décroissante. C'est le moment de s'intéresser aux plantes qui plongent leurs racines dans le sol.

Les cultures souterraines, les arbres, les arbustes et les plantes vivaces ont besoin de vos soins. En les soignant, vous sentez que la terre elle-même absorbe l'énergie, consolidant ce qui a été planté. La taille devient un acte de sagesse, visant à réduire la croissance inutile et à concentrer l'énergie là où elle est le plus nécessaire.

Lorsque la Lune atteint son dernier quartier le 20 février, vous ressentez un sentiment d'introspection.

Le jardin vous demande de vous préparer à une période de repos. Les plantes à racines et les plantes vivaces sont prêtes à affronter la prochaine phase de leur cycle, et vous vous assurez que tout est en ordre. Le travail devient plus calme, plus réfléchi, comme si le jardin et vous prépariez l'énergie pour la nouvelle croissance à venir.

Pendant le croissant décroissant, du 21 au 27 février, le jardin entre dans une phase de repos. C'est le moment de s'arrêter, de ne pas forcer la main à la nature.

Tout en évitant de semer, on se consacre à la récolte, à la conservation, au nettoyage. Vous arrachez les mauvaises herbes, vous taillez les plantes avec l'intention de réduire ce qui n'est plus nécessaire. Vous sentez que le jardin se prépare à un nouveau cycle, et vous aussi.

Le 28 février, avec la nouvelle lune, vient le temps du repos et de la réflexion. Le jardin est calme, attendant le prochain réveil. Vous prenez le temps de méditer, de célébrer le cycle qui s'achève et celui qui va commencer.

C'est un temps de silence et de préparation, car tout s'aligne pour le prochain chapitre de croissance. Sentez que vous faites partie de ce cycle, sachant que, avec la Lune, vous êtes également prêt pour un nouveau départ.

MARS 2025

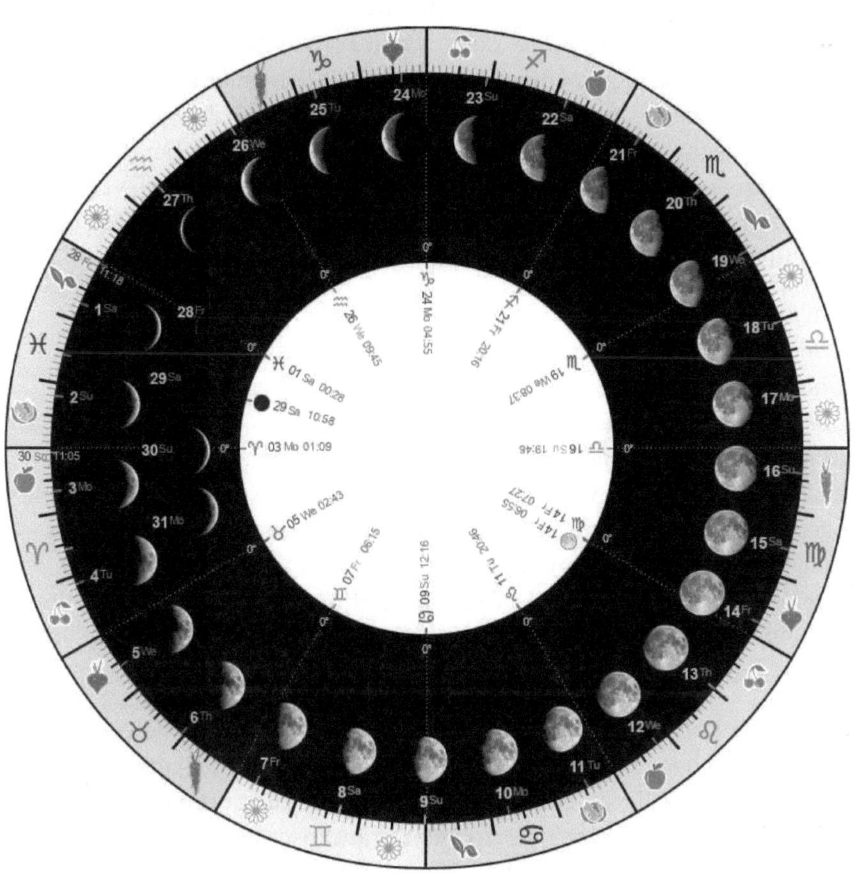
♓ 01 Sa 00:28
29 Sa 10:58
♈ 03 Mo 01:09
♉ 05 We 02:43
♊ 07 Fr 06:15
♋ 09 Su 12:16
♌ 11 Tu 20:46
♍ 14 Fr 06:55
14 Fr 07:27
♎ 16 Su 19:46
♏ 19 We 08:37
♐ 21 Fr 20:16
♑ 24 Mo 04:55
♒ 26 We 09:45
28 Fr 11:18
30 Su 11:05
1 Sa
2 Su
3 Mo
4 Tu
5 We
6 Th
7 Fr
8 Sa
9 Su
10 Mo
11 Tu
12 We
13 Th
14 Fr
15 Sa
16 Su
17 Mo
18 Tu
19 We
20 Th
21 Fr
22 Sa
23 Su
24 Mo
25 Tu
26 We
27 Th
28 Fr
29 Sa
30 Su
31 Mo

Le mois de mars commence avec la Lune croissante ascendante en Bélier le 3 mars, une période où vous ressentez une poussée d'énergie fraîche et vibrante. Vous êtes dans une phase de nouveau départ, où l'audace du Bélier, gouverné par Mars, vous pousse à prendre le contrôle de vos relations et de vos finances. C'est comme si une étincelle s'allumait en vous et déclenchait l'envie d'agir, de saisir les opportunités qui se présentent à vous, que ce soit en amour ou au travail. Dans cette période, vos moindres gestes sont chargés d'intentions fortes, de désirs que vous ne voulez plus cacher. Vous sentez que le moment est venu de faire ce pas courageux que vous avez toujours repoussé, de poursuivre ce que vous voulez vraiment et de vous investir avec détermination dans vos projets.

Le 6 mars, lorsque la Lune entre dans son premier quartier en Gémeaux, l'énergie se transforme, devenant plus vivante et communicative. C'est une période où les mots deviennent des outils puissants, capables de vous rapprocher ou de vous éloigner, de clarifier les malentendus ou de renforcer les liens. Vous vous sentez poussé à parler ouvertement à vos proches, à exprimer vos sentiments avec une légèreté qui rend chaque conversation plus fluide et plus sincère. En même temps, financièrement, cette phase vous amène à explorer de nouvelles idées, à rassembler des informations et à évaluer différentes options. La curiosité vous pousse à envisager des possibilités que vous n'aviez pas envisagées auparavant.

Lorsque la Lune se lève et s'approche du Lion le 10 mars, vous ressentez un besoin croissant d'être reconnu, d'exprimer cette partie de vous qui veut briller. C'est une période où l'amour prend des tons plus dramatiques, où les gestes deviennent grandioses, et où le désir d'être vue et appréciée devient intense. Vous vous sentez comme une reine qui mérite d'être admirée et vous n'avez pas peur de montrer votre affection de manière généreuse et chaleureuse. Même dans vos ambitions professionnelles, vous ressentez le besoin de vous mettre en valeur, de montrer au monde ce dont vous êtes capable. Il est temps d'investir en vous, de vous concentrer sur votre créativité et de faire ce pas en avant dont vous avez toujours rêvé.

Le 14 mars, avec la pleine lune en Vierge, vient une période de clarté et d'attention aux détails. En amour, vous ressentez le besoin de mettre les choses en ordre, de régler les petits problèmes que vous avez négligés. C'est comme si vous voyiez soudain tout avec plus de clarté et que vous étiez prêt à travailler sur la dynamique de votre relation pour la rendre plus forte et plus saine. Sur le plan financier, c'est le moment idéal pour peaufiner vos plans, revoir vos budgets et vous assurer que tout est en ordre. Il y a un sentiment de satisfaction à bien faire les choses, à s'occuper de chaque détail avec la précision et le dévouement que la Vierge inspire.

Le 18 mars, la Lune en dissémination en Scorpion vous fait entrer dans un territoire plus profond et plus intense. Les émotions deviennent plus fortes et vous ressentez le besoin d'aller au cœur des choses, d'explorer les côtés cachés de vos relations. C'est une période où vous pouvez être confronté à des vérités inconfortables, mais nécessaires pour transformer et renforcer les liens. Sur le plan financier, le Scorpion vous pousse à faire des choix stratégiques, à vous libérer de ce qui ne fonctionne plus et à trouver de nouvelles voies qui vous mènent vers plus de sécurité et de stabilité. C'est une période de changement, où chaque action est chargée de sens et de potentiel de transformation.

Le 22 mars, avec le dernier quartier en Capricorne, l'énergie devient plus sérieuse et ancrée. En amour, vous ressentez le besoin d'évaluer la solidité de vos relations, de comprendre si ce que vous avez construit est vraiment durable. C'est une période où le pragmatisme prend le dessus et où vous êtes prêt à faire des choix qui vous garantissent stabilité et sécurité. Sur le plan financier, c'est le moment de faire le point, d'analyser vos résultats et de faire les ajustements nécessaires pour vous assurer un avenir solide. La discipline et la stratégie deviennent vos alliées et vous guident vers des décisions réfléchies et sûres.

Le 26 mars, alors que la Lune se retire dans sa phase balsamique en Verseau, vous ressentez le besoin de réfléchir et de vous projeter dans l'avenir. En amour, le Verseau vous incite à considérer la situation dans son ensemble, à penser à l'avenir de votre relation en tenant compte de la liberté et de l'individualité. C'est une période où vous pouvez

souhaiter rompre avec les traditions, pour trouver de nouvelles façons de vivre l'amour qui soient plus en accord avec votre vision du monde. Sur le plan financier, l'énergie du Verseau encourage à innover et à sortir des sentiers battus. Il est temps d'abandonner les vieilles habitudes qui ne vous servent plus et de vous préparer à de nouvelles opportunités qui embrassent le changement.

Le mois se termine par une nouvelle lune en Bélier le 29 mars, qui apporte une énergie puissante et dynamique. C'est le moment idéal pour repartir à zéro, se fixer de nouvelles intentions et se lancer avec passion vers ce que l'on désire. En amour, cette Nouvelle Lune vous invite à aller de l'avant avec audace, à suivre votre cœur sans hésitation. Sur le plan financier, vous ressentez l'envie de lancer de nouveaux projets, d'investir en vous et de poser les bases d'une réussite future. L'énergie du Bélier est une poussée vers l'action, un appel à vivre avec intensité et à poursuivre vos rêves avec toute la force que vous avez en vous.

La lune dans le jardin

Le mois de mars commence avec la douce promesse de nouvelles opportunités dans votre jardin, alors que le croissant de lune illumine le ciel le 1er mars. Sentez l'énergie s'éveiller autour de vous, un appel à semer et à nourrir vos plantes annuelles, celles qui s'élèvent vers la lumière avec des feuilles tendres et vertes. C'est le moment idéal pour laisser les racines des légumes-feuilles, des céréales, des herbes et des concombres s'enfoncer dans la terre fraîche. Chaque geste, qu'il s'agisse de tondre la pelouse ou de tailler les plantes, semble résonner avec la vitalité de la nature, invitant à une croissance luxuriante et vigoureuse.

Dans les premiers jours de mars, cette énergie continue à se faire sentir, vous incitant à rester concentré sur ce qui pousse en surface. Le jardin répond avec enthousiasme, chaque nouvelle feuille est le signe que vos efforts portent leurs fruits. Vous sentez que chaque coupe, chaque taille, contribue à construire une base plus solide et plus robuste pour vos plantes.

Lorsque la Lune atteint son premier quartier le 6 mars, l'impulsion de croissance devient encore plus forte. Les plantes semblent prospérer sous vos soins attentifs, et vous vous retrouvez à nourrir non

seulement le jardin, mais aussi un sentiment d'accomplissement intérieur. En continuant à planter et à entretenir la pelouse, vous avez l'impression de préparer le terrain pour une explosion de vie, prête à émerger dans les semaines à venir.

Le 7 mars, avec l'arrivée de la phase de croissance gibbeuse, l'attention se déplace légèrement. Désormais, les plantes fruitières, les céréales et les fleurs requièrent vos soins. C'est une période de grande énergie, presque palpable, où le jardin semble se préparer à sa floraison. Vos mains travaillent avec une précision presque instinctive, sachant exactement où couper et comment greffer pour favoriser la croissance la plus saine et la plus luxuriante.

Puis vient la pleine lune du 14 mars, une respiration profonde, un moment de pause dans le rythme effréné du jardinage. Il n'est pas nécessaire de semer, il est temps de réfléchir et d'apprécier ce que vous avez déjà cultivé.

Cueillez les herbes médicinales, en sachant qu'elles sont à leur plein potentiel, et prenez un moment pour contempler le jardin sous la lumière de la pleine lune, qui l'enveloppe d'une étreinte sereine et lumineuse.

Avec la Lune qui commence à faiblir dans la phase gibbeuse à partir du 15 mars, vous sentez l'énergie du jardin se replier vers l'intérieur. C'est le moment de se concentrer sur les racines, les plantes qui s'enfoncent dans le sol pour y trouver force et subsistance. Vous plantez des arbres, des arbustes, des plantes vivaces, sachant que chaque plante construit quelque chose de durable sous la surface. La récolte des plantes prêtes à l'emploi devient un geste de gratitude, tandis que la fertilisation et la transplantation sont des actes de préparation pour la phase suivante. En taillant et en fauchant, vous sentez que vous réduisez ce qui n'est pas nécessaire et que vous laissez de l'espace pour la croissance future.

Lorsque la Lune entre dans son dernier quartier le 22 mars, vous entrez dans une période de consolidation.

Chaque activité vise à renforcer les fondations du jardin et à le préparer pour le reste à venir. La fertilisation et la transplantation deviennent

des gestes méditatifs, tandis que vous observez comment chaque partie du jardin se prépare à un rythme plus lent et plus silencieux.

Du 23 au 28 mars, avec le croissant de lune décroissant, le jardin entre dans une phase de tranquillité. Il n'y a pas d'urgence, pas de nouvelles graines à planter. Au lieu de cela, vous vous concentrez sur la récolte, le stockage et l'entretien du sol, sachant que cette période de repos est essentielle au cycle de vie du jardin. En taillant et en éliminant les mauvaises herbes, vous sentez que vous mettez de l'ordre, que vous préparez le jardin au repos et à la régénération qui l'attendent.

Le 29 mars, la Nouvelle Lune apporte avec elle un sentiment de fin et de nouveau départ. C'est un moment de silence, de réflexion, où vous et le jardin vous arrêtez un instant pour respirer, pour célébrer la fin d'un cycle et le début d'un autre.

Vous savez que l'énergie reviendra bientôt et vous vous préparez, vous et votre jardin, à accueillir la nouvelle vie qui est sur le point de s'épanouir.

AVRIL 2025

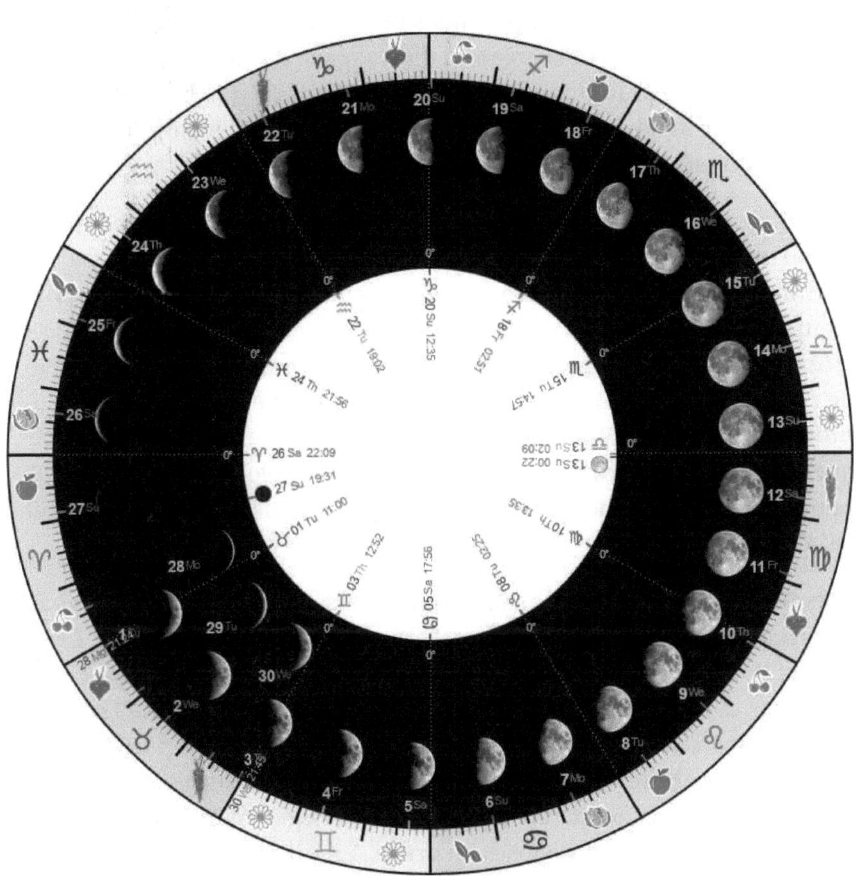

Le mois d'avril s'ouvre sous le signe du croissant de lune en Taureau, un début qui vous invite à vous concentrer sur la stabilité et la croissance, tant dans votre cœur que dans vos finances. L'énergie du Taureau, gouvernée par Vénus, vous enveloppe d'une étreinte de sécurité et de confort, vous poussant à construire des fondations solides dans vos relations. C'est le moment où les liens peuvent être renforcés par des gestes simples mais profonds, comme le partage de moments significatifs et la création d'un espace d'intimité et de confiance. Sur le plan financier, vous sentez que c'est le bon moment pour investir dans des projets qui promettent de se développer lentement mais sûrement et de porter des fruits durables.

Avec l'arrivée du premier trimestre en Cancer le 5 avril, les émotions commencent à être ressenties plus intensément. Le Cancer, avec sa sensibilité, vous pousse à rechercher la sécurité émotionnelle dans vos relations. Il se peut que vous creusiez un peu plus, que vous fassiez face à des sentiments que vous avez gardés cachés, que vous essayiez de créer un nid sûr où vous et votre partenaire pouvez vous sentir protégés. Sur le plan financier, vous ressentez le besoin de protéger ce que vous avez construit, peut-être en mettant quelque chose de côté pour les périodes d'incertitude ou en vous assurant que vos actifs sont en sécurité.

Lorsque la Lune entre dans sa phase gibbeuse ascendante en Vierge le 8 avril, vous vous sentez attiré par l'organisation et la perfection. La Vierge vous encourage à prêter attention aux détails, qu'il s'agisse d'affaires de cœur ou d'argent. Vous pouvez vous retrouver à faire de petits gestes qui ont un grand impact, comme aider votre partenaire à faire quelque chose de pratique ou améliorer la communication avec une touche de précision. Sur le plan financier également, cette énergie vous pousse à mettre les choses en ordre, à revoir les budgets et à affiner vos plans pour vous assurer que tout est exactement là où il faut.

Le 13 avril, la Pleine Lune en Balance met en lumière le besoin d'équilibre et d'harmonie dans votre vie. Vous sentez que la Balance, également sous l'influence de Vénus, vous invite à trouver un point d'équilibre dans vos relations, à faire le point sur ce que vous donnez et ce que vous recevez. C'est le moment de réévaluer la dynamique de vos relations, en essayant d'assurer la justice et le respect mutuel. Même dans le domaine financier, vous ressentez le besoin d'équilibrer les dépenses et les économies, de vous assurer que vos décisions reflètent vos valeurs les plus profondes et votre recherche d'harmonie intérieure.

Alors que la Lune entre dans sa phase de dissémination en Sagittaire le 17 avril, un désir d'exploration et d'aventure se fraie un chemin dans votre cœur. Le Sagittaire vous encourage à regarder au-delà de l'horizon, à rechercher de nouvelles expériences avec votre partenaire ou, si vous êtes célibataire, à explorer de nouvelles possibilités en amour. Au cours de cette période, il est essentiel d'apprendre et de grandir ensemble, ainsi que de partager ce que vous avez découvert en cours de route. Sur le plan financier, c'est le moment de voir grand, de réfléchir à la manière dont vos ressources peuvent soutenir vos rêves et vos aspirations les plus élevés.

Avec l'arrivée du dernier quartier en Verseau le 21 avril, votre énergie devient plus réfléchie et orientée vers l'avenir. Le Verseau vous invite à prendre une certaine distance émotionnelle, à regarder vos relations et vos finances d'un œil critique et innovant. Vous pourriez vous sentir obligé de vous débarrasser de vieilles habitudes ou croyances qui ne vous servent plus, ouvrant ainsi l'espace à de nouvelles idées et façons d'être. En amour, vous pourriez envisager une approche plus ouverte et moins conventionnelle, tandis qu'en finances, vous pourriez explorer de nouvelles technologies ou des investissements qui reflètent l'évolution du monde.

Le 24 avril, avec la Lune balsamique en Poissons, votre énergie se retire dans une dimension plus introspective et spirituelle. Les Poissons vous invitent à réfléchir à tout ce qui s'est passé au cours du mois, à vous connecter à vos sentiments les plus profonds et à laisser partir ce qui ne vous sert plus. En amour, c'est une période de guérison, de libération de vieilles blessures, pour vous préparer à de nouveaux départs avec un cœur léger. Sur le plan financier également, vous pouvez vous sentir appelé à faire des dons ou à investir dans des causes qui reflètent vos valeurs spirituelles.

Enfin, le mois se termine par la Nouvelle Lune en Taureau le 27 avril, un moment propice pour planter de nouvelles graines, tant en amour que dans le domaine financier. Le Taureau vous invite à vous engager résolument dans ce que vous souhaitez construire à long terme. C'est le moment de fixer de nouvelles intentions, sachant que ce que vous semez maintenant se développera avec force et stabilité dans les mois à venir. Vous vous sentez enraciné, prêt à cultiver une vie qui reflète vos valeurs les plus profondes et vos rêves les plus ambitieux.

La lune dans le jardin

Avril commence avec un croissant de lune en Taureau, le moment idéal pour se plonger dans le jardin et commencer un nouveau cycle de croissance. Sentez l'énergie s'éveiller dans la terre, prête à soutenir l'ensemencement de plantes annuelles qui pousseront vigoureusement au-dessus du sol. C'est le moment où les feuilles vertes des légumes, des céréales, des herbes et des concombres commencent à prendre vie. En passant le râteau ou en poussant la tondeuse, on sent que chaque geste contribue à la vitalité du jardin. C'est un rituel qui nourrit non seulement les plantes, mais aussi votre lien avec la nature.

Dans les jours qui suivent, le croissant de lune continue de croître, insufflant de l'énergie au jardin. Vous remarquez que chaque petit soin, comme la taille des branches ou la greffe de nouvelles plantes, se traduit par des signes de vie nouvelle. La verdure devient plus intense, les plantes semblent répondre avec reconnaissance à votre contact, promettant une croissance luxuriante.

Lorsque la Lune atteint son premier quartier, le 5 avril, vous ressentez un élan supplémentaire. Le jardin est en pleine effervescence et vous vous retrouvez immergé dans ce cycle de croissance. Continuer à tailler, à tondre et à entretenir les plantes ressemble presque à un dialogue silencieux avec la nature, une façon d'encourager chaque feuille à devenir plus forte, chaque fleur à s'épanouir avec plus de vigueur.

Le 6 avril, la Lune entre dans la phase de gibbosité ascendante et vous remarquez que votre attention se porte sur les plantes fruitières, les céréales et les fleurs. Il y a une sorte d'anticipation dans l'air : vous savez que les fruits de votre travail sont sur le point de mûrir. C'est un

moment magique, où la terre semble répondre à vos efforts par l'abondance. Chaque coupe, chaque taille est un pas vers une récolte abondante.

Lorsque la lune atteint sa plénitude le 13 avril, le jardin et vous-même vous arrêtez un instant. C'est une pause bien méritée, un moment de réflexion et de célébration.

Vous regardez ce que vous avez cultivé et vous vous sentez en phase avec le rythme naturel de la vie.

C'est le moment idéal pour récolter les herbes et les plantes médicinales, qui sont maintenant au sommet de leur puissance. Votre jardin, tout comme votre esprit, semble respirer plus profondément.

Avec la phase de gibbeuse descendante, qui commence le 14 avril, l'énergie se déplace vers l'intérieur. Vous vous consacrez désormais aux racines, aux arbres et aux arbustes.

Ce travail donne une impression de profondeur, comme si vous consolidiez tout ce qui a poussé. La récolte et la fertilisation deviennent des gestes méditatifs qui vous relient aux fondements mêmes de la vie.

Le 21 avril, le dernier quartier de lune vous invite à terminer la récolte et à préparer le jardin pour le repos. C'est le moment de nourrir les racines et de s'assurer que le sol est prêt à supporter la prochaine phase de croissance. Le jardin se calme et, avec lui, vous retrouvez un rythme plus calme.

Du 22 au 26 avril, le croissant décroissant marque une période d'immobilité. C'est le moment de se reposer, de laisser la terre respirer, pendant que vous récoltez les fruits de votre travail et que vous peaufinez les détails qui préparent le jardin au repos.

Il n'y a pas d'urgence, seulement la certitude que chaque saison a son temps, et que le moment est venu de réfléchir et de se préparer.

Le 27 avril, avec la Nouvelle Lune, vient une nouvelle pause, un moment de recueillement avant que le cycle ne recommence. Vous sentez que la terre se prépare et vous prenez vous aussi un moment

pour méditer sur ce qui est à venir, pour imaginer les nouveaux départs qui apporteront une nouvelle vague de vie.

À la fin du mois, avec le croissant de lune du 28 avril, l'énergie revient. Le jardin est prêt à accueillir de nouvelles plantes, et vous êtes prêt à reprendre le cycle de soins et de développement.

Chaque graine que vous plantez porte en elle la promesse d'une nouvelle saison d'abondance et de croissance, reflet de votre lien profond avec la terre et le rythme naturel de la vie.

MAI 2025

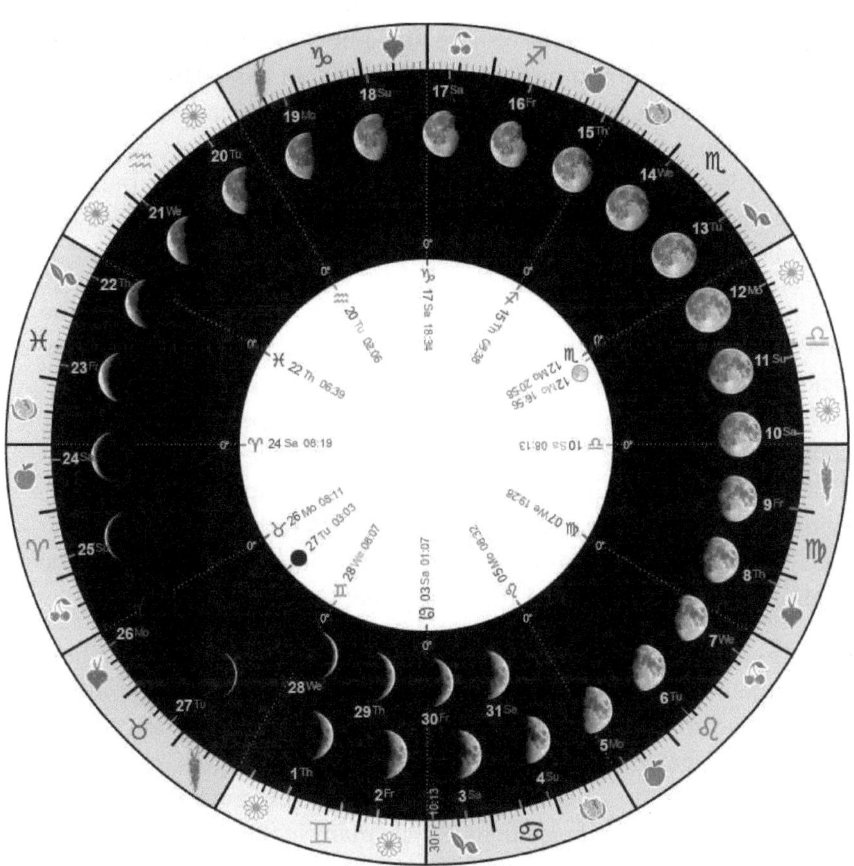

Lorsque le mois commence avec le Croissant de Lune en Gémeaux le 1er mai, vous vous retrouvez plongé dans une atmosphère vibrante, où les mots et les connexions semblent prendre vie. En amour, vous ressentez le désir d'explorer de nouvelles nuances de la relation, peut-être à travers des conversations légères et des moments qui ouvrent des portes à une intimité plus profonde. Il y a une énergie ludique dans l'air, une volonté de communiquer sans filtre, de laisser libre cours aux idées et aux sentiments. Sur le plan financier, vous vous rendez compte que c'est le moment idéal pour tisser de nouveaux réseaux, négocier des accords ou envisager d'autres sources de revenus. C'est une période où la flexibilité et l'adaptabilité vous permettent de saisir de nouvelles opportunités.

Le 4 mai, avec le premier quartier en Lion, l'énergie passe à la vitesse supérieure, apportant avec elle une vague de créativité et de désir de visibilité. Vous avez envie d'exprimer vos sentiments avec passion et audace, de faire quelque chose de spécial pour la personne que vous aimez, quelque chose qui laissera une trace. C'est le moment d'embrasser votre courage et de montrer vos talents, que ce soit en amour ou en affaires. Le Lion vous invite à briller, à aller de l'avant avec confiance, qu'il s'agisse de franchir une nouvelle étape dans une relation ou de vous affirmer dans un projet qui vous tient à cœur.

Lorsque la gibbeuse ascendante arrive en Balance le 8 mai, l'équilibre devient le mot d'ordre. Dans les relations, vous vous rendez compte que vous voulez construire une compréhension mutuelle, en recherchant l'harmonie et l'équité dans chaque échange. C'est une période où le compromis n'est pas une concession, mais un choix conscient pour renforcer les liens. Sur le plan financier, vous ressentez le besoin de revoir les collaborations et les partenariats, en vous assurant que tout est en parfaite harmonie avec vos valeurs et vos objectifs.

Le 12 mai, la Pleine Lune en Scorpion apporte une énergie intense qui vous pousse à regarder en profondeur, à creuser sous la surface des choses. En amour, vous pourriez être amené à explorer des sentiments cachés, à mettre en lumière des vérités qui requièrent attention et guérison. C'est une période de transformation, où le fait d'affronter ce

qui est resté dans l'ombre peut conduire à une nouvelle intimité et à une nouvelle confiance. Même dans le domaine financier, vous ressentez le besoin de clarté, de vous libérer de schémas ou d'engagements qui ne servent plus vos objectifs. La Lune en Scorpion vous encourage à faire le ménage, à vous débarrasser de ce qui vous retient pour faire place à de nouvelles possibilités de croissance.

À l'approche du 16 mai, lorsque la Lune entre en Capricorne, vous ressentez un appel au concret. Vos relations et vos finances exigent une approche pratique et disciplinée. Il est temps de mettre les choses en ordre, de faire des plans à long terme qui peuvent soutenir votre vision de l'avenir. Vous vous rendez compte que l'engagement et la stabilité sont essentiels, tant pour construire une relation durable que pour consolider vos bases financières. C'est une période où le travail acharné et la détermination vous rapprochent de plus en plus de vos objectifs.

Le 20 mai, la Lune dans son dernier quartier en Verseau vous invite à réfléchir avec un regard novateur et détaché. La dynamique relationnelle peut nécessiter une nouvelle approche, un espace d'individualité au sein du couple. Vous sentez qu'il est temps de revoir vos vieilles habitudes et de vous ouvrir à de nouvelles possibilités, en amour comme en affaires. Le Verseau vous pousse à sortir des sentiers battus, à envisager des solutions en phase avec l'avenir que vous souhaitez construire.

Le 23 mai, la Lune balsamique en Bélier apporte une énergie de réflexion et de préparation à de nouveaux départs. En amour, il est peut-être temps de se débarrasser de vieilles rancunes ou de schémas qui ne servent plus votre relation, pour faire place à une renaissance. Dans le domaine financier, c'est l'occasion de régler les derniers détails et de se préparer à lancer de nouveaux projets avec détermination et audace.

Avec la Nouvelle Lune en Gémeaux le 27 mai, vous ressentez un nouvel élan de possibilités. Cette phase marque un temps de renaissance, de nouveaux départs, où vous pouvez établir des intentions fraîches et stimulantes. En amour, vous vous ouvrez à de nouvelles façons de communiquer, d'explorer les relations avec curiosité et ouverture d'esprit. Sur le plan financier, c'est le moment

d'embrasser l'apprentissage et la polyvalence, d'envisager de nouvelles voies qui exigent agilité mentale et adaptabilité. C'est une période de grand potentiel, où l'on peut planter les graines d'un avenir plein d'opportunités.

Alors que le mois touche à sa fin, le croissant de lune ascendant en Cancer du 30 mai vous ramène à l'importance de la sécurité émotionnelle et de l'attention portée à vos proches. Vous ressentez le désir de créer un environnement sûr et aimant où les liens affectifs peuvent se développer et s'épanouir. Sur le plan financier, le Cancer vous guide également vers des décisions qui garantissent une stabilité et une protection à long terme. C'est le moment d'investir dans l'avenir avec prudence, en pensant à ce qui compte vraiment pour vous et vos proches.

La lune dans le jardin

Lorsque le mois commence avec le croissant de lune en Gémeaux le 1er mai, vous sentez l'air vivifiant des nouvelles possibilités dans votre jardin. Cette phase, sous l'influence des Gémeaux, est parfaite pour commencer à semer des plantes annuelles qui poussent en surface, comme les légumes verts à feuilles, les céréales, les herbes et les concombres. Il y a une énergie vive qui pousse tout vers la croissance, et lorsque vous vous engagez dans la greffe et la taille, vous sentez que chaque geste contribue à un jardin plus sain et plus luxuriant. La Lune en Gémeaux, avec son esprit aérien et communicatif, vous inspire pour créer un espace vert vibrant et plein de vie.

Le 3 mai, lorsque la Lune entre dans le Cancer, l'attention se porte sur les plantes qui se développent avec force. C'est le moment de vous immerger dans une énergie plus nourricière, de prendre soin de vos plantes comme vous le feriez pour vos proches, en veillant à ce qu'elles soient bien hydratées et prêtes à s'épanouir. La phase du premier quartier en Cancer, le 4 mai, renforce encore cette orientation, faisant de chaque plantation, taille et tonte un acte de soin qui renforce les fondations de votre jardin.Le 5 mai, lorsque la Lune entre dans sa phase de gibbeuse ascendante en Lion, vous ressentez une explosion d'énergie et de vitalité. C'est le moment idéal pour se concentrer sur les plantes fruitières, les céréales et les fleurs, afin d'ajouter une touche de

beauté et de productivité à votre jardin. Le Lion, avec son énergie ardente, vous encourage à mettre en valeur vos plantes les plus vibrantes, en stimulant leur croissance par la taille et la greffe qui préparent votre jardin à une récolte abondante.Le 7 mai, avec la Lune en Vierge, votre attention se déplace vers le sous-sol. Sentez l'énergie de la Vierge, si méticuleuse et concentrée, vous guider pour prendre soin des racines et de la santé du sol. C'est le moment idéal pour planter des légumes racines et soigner le sol avec l'attention qu'il mérite, en veillant à ce que les plantes soient bien enracinées et prêtes à pousser de manière saine et durable.Avec l'arrivée de la Pleine Lune en Balance le 12 mai, votre jardin atteint un moment d'équilibre et d'harmonie. Les plantes, en pleine croissance, reflètent le fruit de vos soins et de votre attention. C'est le moment de célébrer la beauté et la symétrie que vous avez cultivées, alors que vous vous occupez des derniers détails, préparant le jardin à la pleine expression de son énergie.

Le 13 mai, avec le début de la phase de gibbeuse descendante en Scorpion, l'énergie du jardin se tourne vers l'intérieur. C'est le moment de se concentrer sur les cultures racines et les activités qui renforcent les fondations du jardin. Sous l'influence transformatrice du Scorpion, chaque geste devient plus profond lorsque vous vous engagez dans la fertilisation, la transplantation et la récolte, sachant que ces actions préparent le terrain pour la croissance future.Lorsque la Lune traverse le Sagittaire et le Capricorne du 16 au 20 mai, vous sentez que l'énergie du jardin se tourne vers la préparation et la consolidation. Le Capricorne, avec sa nature disciplinée, vous incite à planifier soigneusement, à élaguer et à fertiliser afin que tout soit prêt pour la prochaine phase de repos. C'est une période de réflexion, où vous vous assurez que chaque plante est au bon endroit, prête à affronter la période de calme qui approche.

Le 20 mai, avec le dernier quartier en Capricorne et en Verseau, c'est le moment de faire les derniers ajustements et de préparer le jardin pour l'avenir. Le passage à la phase du croissant décroissant, du 21 au 26 mai, marque une période de repos. Il est temps de laisser le jardin se régénérer, en se concentrant sur la récolte et la conservation, tandis que la nature ralentit son rythme en prévision du nouveau cycle.La

Nouvelle Lune du 27 mai en Taureau marque un temps de renouveau. C'est l'occasion de réfléchir à vos réalisations et de vous préparer à de nouveaux départs, sachant que le travail de fond que vous effectuez maintenant portera ses fruits dans le cycle qui est sur le point de commencer. Lorsque le mois se termine avec le croissant de Lune en Gémeaux le 28 mai, l'énergie du jardin reprend.

Vous recommencez à planter avec enthousiasme, sachant que chaque graine que vous mettez en terre est le début d'une nouvelle saison de croissance et d'abondance.

JUIN 2025

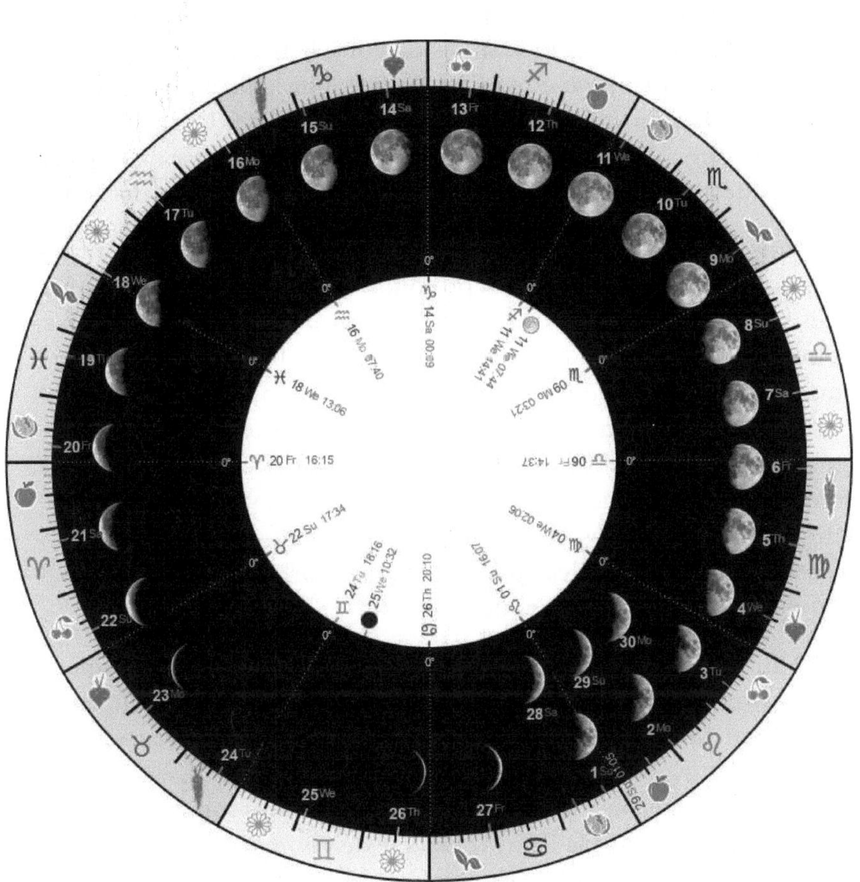

1 Su
2 Mo
3 Tu
4 We
5 Th
6 Fr
7 Sa
8 Su
9 Mo
10 Tu
11 We
12 Th
13 Fr
14 Sa
15 Su
16 Mo
17 Tu
18 We
19 Th
20 Fr
21 Sa
22 Su
23 Mo
24 Tu
25 We
26 Th
27 Fr
28 Sa
29 Su
30 Mo
01 Su 16:07
04 We 02:06
06 Fr 14:37
09 Mo 03:21
11 We 07:44
11 We 14:41
14 Sa 00:59
16 Mo 07:40
18 We 13:06
20 Fr 16:15
22 Su 17:34
24 Tu 18:16
25 We 10:32
26 Th 20:10

JUIN 2025

Le mois commence le 3 juin, avec la Lune en premier quartier en Vierge. Ressentez l'énergie méticuleuse de la Vierge qui vous invite à vous concentrer sur ce qui compte vraiment dans vos relations et vos finances. C'est le moment idéal pour régler les petits problèmes qui, s'ils sont négligés, pourraient prendre de l'ampleur. En amour, prenez le temps de renforcer les fondations de votre lien, en abordant les petites choses qui ont pu être mises de côté. Sur le plan financier, vous ressentez le besoin de mettre de l'ordre, de revoir vos budgets et de planifier votre avenir financier avec précision. L'influence de la Vierge vous guide avec discipline, vous rendant confiant dans vos décisions.

Le 7 juin, lorsque la Lune entre dans sa phase gibbeuse ascendante en Scorpion, l'énergie devient plus profonde et plus intense. Le Scorpion vous pousse à explorer les parties les plus cachées et les plus intimes de votre vie. Dans les relations, c'est le moment d'aller au-delà de la surface, de découvrir de nouvelles couches d'intimité et d'aborder les problèmes non résolus. C'est une période de transformation émotionnelle, où des conversations profondes peuvent mener à une connexion encore plus forte. Sur le plan financier, vous vous sentez attiré par des questions plus complexes, peut-être en examinant les investissements, les dettes ou les ressources partagées avec une nouvelle conscience stratégique.

Le 11 juin, la pleine lune en Sagittaire apporte une vague d'énergie expansive. Vous ressentez un désir d'aventure et d'exploration, tant en amour que dans la vie en général. Cette phase vous invite à rechercher de nouvelles expériences avec votre partenaire ou, si vous êtes célibataire, à vous ouvrir à de nouvelles possibilités romantiques. C'est le moment de célébrer la liberté et la joie de vivre, d'explorer les passions qui vous apportent du bonheur. Sur le plan financier, le Sagittaire vous encourage à voir grand, à saisir les opportunités de croissance qui peuvent nécessiter un acte de foi. C'est une période d'optimisme, où se fixer des objectifs ambitieux semble non seulement possible, mais excitant.

Le 15 juin, avec la Lune en dissémination en Verseau, vous vous sentez poussé à partager ce que vous avez appris et à expérimenter de nouvelles idées. L'énergie du Verseau vous invite à vous détacher un

peu émotionnellement afin de voir les choses plus clairement. En amour, il peut s'agir de discuter d'idées qui ouvrent de nouvelles perspectives, tout en laissant de la place à l'épanouissement personnel. En finances, le Verseau vous pousse à l'innovation : il est peut-être temps d'explorer les technologies émergentes ou les méthodes non conventionnelles qui pourraient donner des résultats intéressants. C'est une période propice au réseautage, à la connexion avec ceux qui partagent vos visions, pour construire ensemble un avenir meilleur.

Le 18 juin, la Lune du dernier quartier en Poissons vous plonge dans une énergie plus introspective. Vous vous sentez davantage connecté à vos émotions, et c'est le moment de vous débarrasser de ce qui ne vous sert plus, tant en amour que sur le plan financier. En amour, vous pourriez trouver du réconfort en cultivant un lien spirituel plus profond avec votre partenaire, ou en prenant le temps de guérir de vieilles blessures. Sur le plan financier, les Poissons vous guident vers une approche plus intuitive : il est peut-être temps d'envisager des dons caritatifs ou des investissements qui reflètent vos valeurs les plus profondes. Cette phase est idéale pour se libérer et se régénérer, vous préparant ainsi à ce qui vous attend.

Le 22 juin, la Lune balsamique en Taureau apporte une énergie de préparation et de stabilité. Vous vous sentez enraciné et prêt à construire des fondations solides pour l'avenir. En amour, c'est le moment de nourrir votre relation, de créer un environnement de sécurité et de confort pour vous et votre partenaire. Sur le plan financier, le Taureau vous incite à consolider vos ressources, peut-être en mettant en œuvre des stratégies d'épargne ou en investissant dans l'immobilier. C'est le moment de s'assurer que tout est en ordre, prêt pour le nouveau cycle qui approche.

Le 25 juin, avec la Nouvelle Lune en Cancer, vous ressentez un fort désir de nouveaux départs, en particulier dans la sphère familiale et domestique. Cette phase est idéale pour poser de nouvelles intentions en matière de sécurité affective et de construction d'un environnement aimant autour de vous. En amour, vous ressentez l'envie de renforcer le lien avec votre partenaire, ou peut-être d'entamer un nouveau chapitre de votre vie amoureuse. Sur le plan financier, le Cancer vous invite à investir dans votre foyer et votre famille, en veillant à ce que vos fondations soient solides et sûres. C'est le moment de planter les graines de l'avenir, en sachant qu'elles pousseront avec soin et dévouement.

Le mois se termine le 28 juin, avec le croissant de Lune en Lion, qui apporte une explosion de créativité et de passion. Sentez que le Lion vous encourage à exprimer votre amour de manière audacieuse et festive. C'est le moment de célébrer vos relations, de montrer votre affection et de profiter de la joie que l'amour peut apporter. Sur le plan financier, le Lion vous encourage à mettre en valeur vos réalisations, à en être fier et à rechercher de nouvelles occasions de briller. C'est le moment de prendre confiance en soi, en sachant que l'avenir est radieux et plein de possibilités.

La lune dans le jardin

À l'ouverture du mois, le 1er juin, le croissant de lune commence à éclairer le ciel, insufflant au sol une énergie qui palpite de vie. C'est le moment où la terre semble respirer avec vous, prête à recevoir les graines que vous plantez. Les plantes annuelles, en particulier celles qui se nourrissent d'un feuillage luxuriant comme les légumes verts, les céréales, les herbes et les concombres, répondent avec gratitude à cette invitation à pousser. En tondant la pelouse et en taillant les arbustes, sentez la promesse d'un jardin qui devient de plus en plus vert et luxuriant sous vos soins attentifs.

Le 3 juin, lorsque la Lune atteint son premier quartier, vous ressentez un élan d'énergie qui vous invite à continuer. Les plantes réagissent à chacun de vos gestes, qu'il s'agisse d'ajouter de l'engrais ou simplement de toucher la terre humide avec leurs mains. La vitalité se répand dans le jardin, ce qui en fait le moment idéal pour tailler et nourrir, en veillant à ce que chaque feuille, chaque tige, s'épanouisse.

Le 4 juin, avec l'entrée de la Lune dans la phase de gibbosité croissante, l'attention se déplace. C'est au tour des plantes fruitières, des céréales et des fleurs de recevoir vos soins. Le jardin commence à se préparer à la floraison et à la fructification, et vous sentez l'expansion et la force grandir de jour en jour. La taille et la greffe deviennent des actes d'amour et d'anticipation, car vous vous assurez que chaque plante est

prête à donner le meilleur d'elle-même. Un arrosage ici et là est peut-être nécessaire pour protéger les plantes des parasites, et vous le faites avec la précision de quelqu'un qui sait que chaque détail compte.

A l'approche des 9 et 10 juin, on sent que l'énergie du jardin atteint son apogée. Juste avant la pleine lune, c'est le moment où tout semble s'arrêter un instant, en attendant le grand moment. Assurez-vous que tout est en place : les greffes, la taille, chaque plante en surface. Vous faites partie de ce cycle et le jardin réagit à votre contact comme s'il était le prolongement de vous-même.

Le 11 juin, la pleine lune brille haut dans le ciel et vous sentez qu'il est temps de faire une pause. C'est un jour de contemplation, où vous regardez votre jardin et voyez tout ce que vous avez créé. Peut-être cueillez-vous des herbes ou des plantes médicinales, sachant que leur puissance est à son apogée. Une paix s'empare de tout, une pause avant de recommencer.

A partir du 12 juin, la phase décroissante de Gibbosa vous invite à vous concentrer sur ce qui est caché sous la surface. Les racines, les fondations de votre jardin, réclament votre attention. Plantation d'arbres, d'arbustes, de vivaces : c'est le moment de consolider les fondations. Chaque récolte, chaque fertilisation, est un geste qui prépare le terrain pour l'avenir, car le jardin commence à ralentir, au rythme de la Lune décroissante.Le 18 juin, la Lune au dernier quartier vous invite à la réflexion.

C'est le moment de terminer ce que vous avez commencé, de clore le cycle avec élégance. Les plantes souterraines ont besoin des derniers soins et vous vous assurez qu'elles sont prêtes pour le reste à venir. Pendant que vous travaillez, vous sentez que le jardin commence à se préparer au calme, à la phase plus tranquille qui va suivre.

Du 19 au 24 juin, le croissant décroissant apporte une période de repos. Le jardin entre dans une phase tranquille, où il n'est pas nécessaire de faire de nouvelles semailles. Au lieu de cela, vous vous concentrez sur la récolte, la conservation et l'entretien du sol. C'est une période de consolidation, de réduction, de réflexion et de préparation au cycle suivant. Le 25 juin, la Nouvelle Lune marque un nouveau départ. Le

jardin se prépare à recommencer, et vous aussi. C'est le moment de se reposer, de refaire le plein d'énergie, sachant qu'un nouveau cycle se profile à l'horizon. C'est le moment de célébrer ce que vous avez accompli et de vous préparer à ce qui est à venir.

Enfin, le mois se termine par le croissant de lune du 26 juin. L'énergie revient, et avec elle, la vie dans votre jardin.

Vous recommencez à planter, à soigner, à prendre soin des plantes annuelles. Chaque nouvelle pousse, chaque feuille qui s'ouvre, est un signe de ce qui est à venir. Le cycle se renouvelle, et vous êtes là,

JUILLET 2024

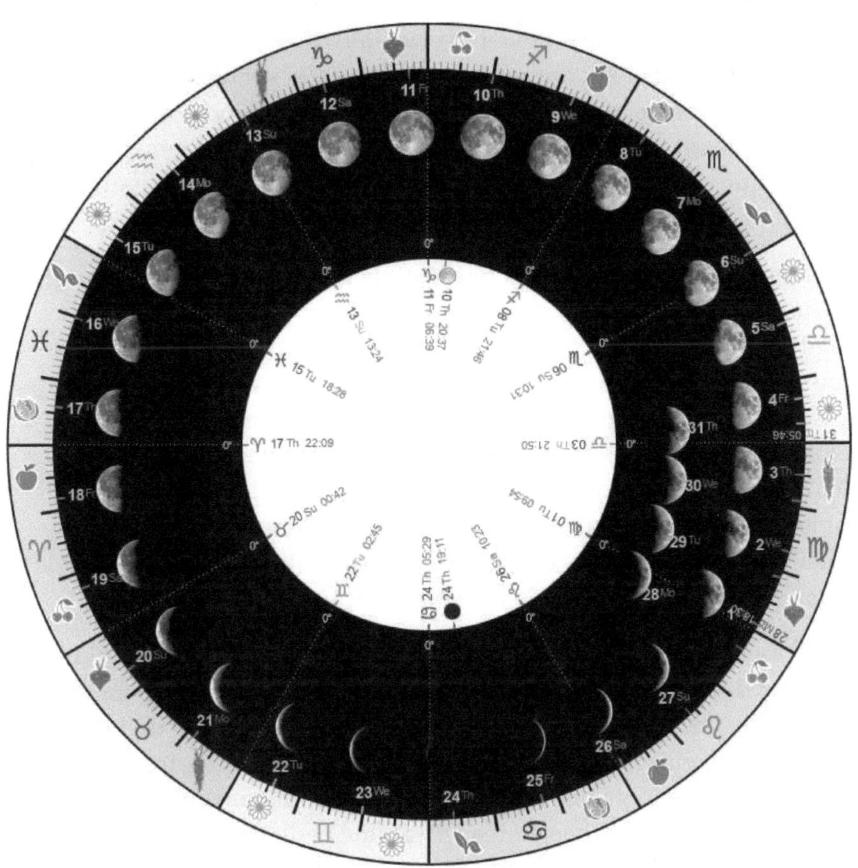

Le mois de juillet commence avec le premier quartier de lune en Balance, le 2 juillet, et vous vous retrouvez plongé dans une énergie qui parle d'équilibre et d'harmonie. Vous ressentez le besoin d'introduire ces qualités dans vos relations, d'être à l'écoute des besoins de votre partenaire et de veiller à ce que chaque voix soit entendue. C'est une période où le compromis devient la clé, une occasion de résoudre ces petits déséquilibres qui ont pu créer des fissures subtiles. En matière financière, la Balance vous invite à adopter une approche équilibrée : c'est le moment idéal pour revoir vos partenariats financiers, pour vous assurer que chaque accord est juste et équitable, et pour trouver un équilibre entre les dépenses et les économies.

Lorsque la Lune entre dans sa phase gibbeuse ascendante en Sagittaire le 6 juillet, l'énergie se répand comme une bouffée d'air frais. Le Sagittaire vous invite à regarder au-delà de l'horizon, à rechercher de nouvelles expériences et à vous laisser guider par votre curiosité. Vous ressentez un désir croissant d'aventure, ce qui pourrait vous pousser à explorer de nouveaux territoires avec votre partenaire ou à rechercher de nouvelles amitiés qui enrichiront votre vie. Sur le plan financier, il est temps d'oser : pensez à des investissements tournés vers l'avenir, notamment des voyages, des études ou des projets ambitieux. C'est le moment de rêver grand et de construire les fondations de ces rêves.

La Pleine Lune en Capricorne du 10 juillet éclaire le ciel d'une lumière froide et décisive, apportant avec elle une énergie qui vous pousse à prendre les choses au sérieux. En amour, cette phase vous invite à envisager l'avenir avec réalisme et à vous demander si votre relation a les bases nécessaires pour durer. Chaque décision que vous prenez maintenant est imprégnée de responsabilité et de vision à long terme. Sur le plan financier, cette Pleine Lune est l'occasion de réfléchir à vos objectifs de carrière et d'argent. Il est temps de revoir vos plans, de faire des ajustements et de consolider votre chemin vers le succès avec une stratégie claire et déterminée.

Le 14 juillet, avec la Lune en Dissemination en Poissons, vous sentez un changement dans l'air, une douce invitation à tourner votre regard vers l'intérieur. Les Poissons apportent une énergie douce et compatissante, vous incitant à vous connecter émotionnellement avec ceux que vous

aimez. C'est le moment d'écouter, de partager vos sentiments et de soutenir votre partenaire sur le plan spirituel. Sur le plan financier, l'énergie des Poissons vous suggère de réfléchir à la manière dont vos ressources peuvent être utilisées de manière plus significative, peut-être par le biais de dons ou d'investissements qui reflètent vos valeurs les plus profondes.

Lorsque la Lune entre dans son dernier quartier en Bélier le 18 juillet, l'énergie change à nouveau, devenant plus vive et plus dynamique. Vous ressentez un besoin irrépressible d'agir, de prendre les choses en main et d'éliminer tout ce qui ne vous sert plus. En amour, il peut s'agir d'affirmer fortement vos besoins, voire de changer radicalement si vous sentez que quelque chose ne fonctionne pas. Sur le plan financier, le Bélier vous encourage à faire preuve d'audace, à éliminer le superflu et à prendre des initiatives qui reflètent votre désir d'aller de l'avant avec détermination et confiance.

Le 21 juillet, avec la Lune balsamique en Gémeaux, le moment est venu de prendre du recul et de réfléchir. C'est une période de clôture et de préparation, au cours de laquelle vous pouvez passer en revue les événements récents et régler les derniers détails. Peut-être écrirez-vous, peut-être parlerez-vous, laissant vos pensées s'exprimer pour vous préparer au nouveau cycle qui approche. Dans le domaine des finances, il est temps de rassembler des informations, de planifier, mais pas encore d'agir. L'énergie curieuse des Gémeaux vous aide à explorer de nouvelles idées et à préparer les étapes futures.

Le 24 juillet, la Nouvelle Lune en Lion insuffle une vibration puissante et créative dans l'air. C'est l'occasion de briller, de donner vie à de nouveaux projets, de vous exprimer dans toute votre singularité. En amour, la Nouvelle Lune en Lion est une invitation à faire preuve d'audace, à poser des gestes romantiques qui témoignent de votre passion et de votre enthousiasme. C'est le moment de fixer des intentions qui reflètent le type de vie amoureuse que vous souhaitez vraiment, qu'il s'agisse d'allumer une nouvelle flamme ou d'apporter plus de joie à une relation existante. Sur le plan financier, le Lion vous incite à poursuivre vos rêves avec audace, à vous lancer dans des projets qui vous permettront de briller, qu'il s'agisse d'entreprises ou de pure créativité.

Alors que le mois de juillet touche à sa fin, le croissant de lune en Vierge du 28 juillet apporte une énergie pratique et méticuleuse. C'est le moment de soigner les détails, d'affiner vos relations et de faire en sorte que chaque geste compte. Peut-être vous concentrez-vous sur les petits gestes qui témoignent de votre affection, ou peut-être examinez-vous vos finances d'un œil attentif, pour vous assurer que tout est en ordre. La Vierge vous rappelle que les grandes choses sont faites de petits pas prudents, et qu'il est temps de construire avec soin l'avenir que vous souhaitez.

La lune dans le jardin

Avec le début du mois de juillet, le croissant de lune illumine le ciel, vous invitant à vous plonger dans l'entretien du jardin avec une énergie renouvelée. C'est le moment idéal pour mettre les mains dans la terre et planter ces plantes annuelles qui poussent au-dessus du sol, comme les légumes verts à feuilles, les céréales, les herbes aromatiques et les concombres. Sentez la terre tendre entre vos doigts pendant que vous semez, conscient que chaque geste est la promesse d'une croissance luxuriante. L'énergie de cette phase vous incite à agir en matière de greffage, d'élagage et de tonte du gazon, sachant que chaque coupe, chaque soin, stimule une croissance plus vibrante et plus forte.

Le 2 juillet, la Lune atteint son premier quartier et l'air est rempli d'une énergie vibrante. C'est le moment de continuer à promouvoir la vitalité des plantes. En vous déplaçant dans le jardin, vous sentez que les plantes répondent à votre attention et poussent vers la lumière. La pulvérisation devient un rituel de protection, d'autant plus que la Lune s'oppose à Saturne, créant un bouclier contre les parasites et les maladies. C'est comme si chaque plante se préparait à la prochaine phase de croissance, soutenue par votre main attentive.

Avec le 3 juillet, vous entrez dans la phase de gibbosité croissante. Votre attention se porte désormais sur les fruits qui commencent à prendre forme, les grains qui s'élèvent vers le ciel et les fleurs qui promettent l'abondance. En greffant et en taillant, vous sentez la force

de la vie s'écouler à travers chaque branche et chaque feuille, se préparant à éclater en une floraison luxuriante. L'énergie est dense et riche, et le jardin absorbe avidement chaque goutte d'humidité, chaque nourriture, se préparant à l'abondance de la pleine lune.

Le 10 juillet, la pleine lune en Capricorne marque un temps de réflexion et de pause. Vous ressentez le besoin de vous arrêter, de laisser le jardin se reposer et d'assimiler tout ce qu'il a reçu jusqu'à présent. En marchant parmi les plantes, vous cueillez des herbes et des plantes médicinales, sachant qu'à ce stade, leur puissance est à son apogée. C'est un moment de gratitude et de connexion profonde avec la terre, alors que la lune illumine le chemin et le travail que vous avez accompli.

Immédiatement après, le 11 juillet, commence la phase de gibbeuse décroissante. Votre attention se porte alors sur les racines qui ancrent et nourrissent la terre. Vous vous concentrez sur les légumes souterrains, la plantation d'arbres et d'arbustes, la transplantation de plantes vivaces. Chaque geste est un acte de consolidation, de construction d'une base solide pour la saison à venir. En taillant et en fauchant, vous savez que l'objectif est maintenant de contrôler la croissance, en guidant les plantes vers une maturité équilibrée.

Lorsque la Lune atteint son dernier quartier le 18 juillet, vous sentez l'énergie se calmer. Le jardin se prépare à entrer dans une phase de repos et vous ressentez vous aussi le besoin de ralentir. Vous terminez la récolte, effectuez les derniers réglages et préparez le jardin au repos qui l'attend. C'est une période de soins, où l'on s'assure que tout est en ordre avant que l'énergie ne s'épuise complètement.

Du 19 au 23 juillet, le croissant de lune décroissant apporte un sentiment de calme. C'est une période de repos pour vous et votre jardin. Il n'y a pas de hâte à planter de nouvelles choses ; au lieu de cela, vous vous concentrez sur la récolte, la conservation, la gestion des mauvaises herbes. Chaque taille est effectuée avec l'intention de maintenir, de préserver, tandis que le jardin se prépare pour un nouveau cycle.

Le 24 juillet, la Nouvelle Lune en Lion marque un nouveau départ. Vous sentez dans l'air un sentiment de renouveau, de possibilité. C'est un moment de réflexion, de célébration silencieuse pour tout ce qui a été fait et tout ce qui est à venir. Le jardin et le jardinier sont rechargés, prêts à recommencer, avec de nouvelles intentions et de nouveaux rêves.

Ainsi, avec l'arrivée du croissant de lune le 25 juillet, le cycle recommence. Vous recommencez à planter, à soigner, à nourrir les plantes annuelles qui poussent en surface. L'énergie grandit et vous sentez chaque geste plein de potentiel. Avec chaque greffe, taille et tonte, vous préparez le jardin pour une nouvelle saison d'abondance, en alignant chaque activité sur le rythme naturel de la Lune et de la terre. C'est le moment de vous connecter, de prendre soin de vous et de participer au grand cycle de la vie.

AOÛT 2025

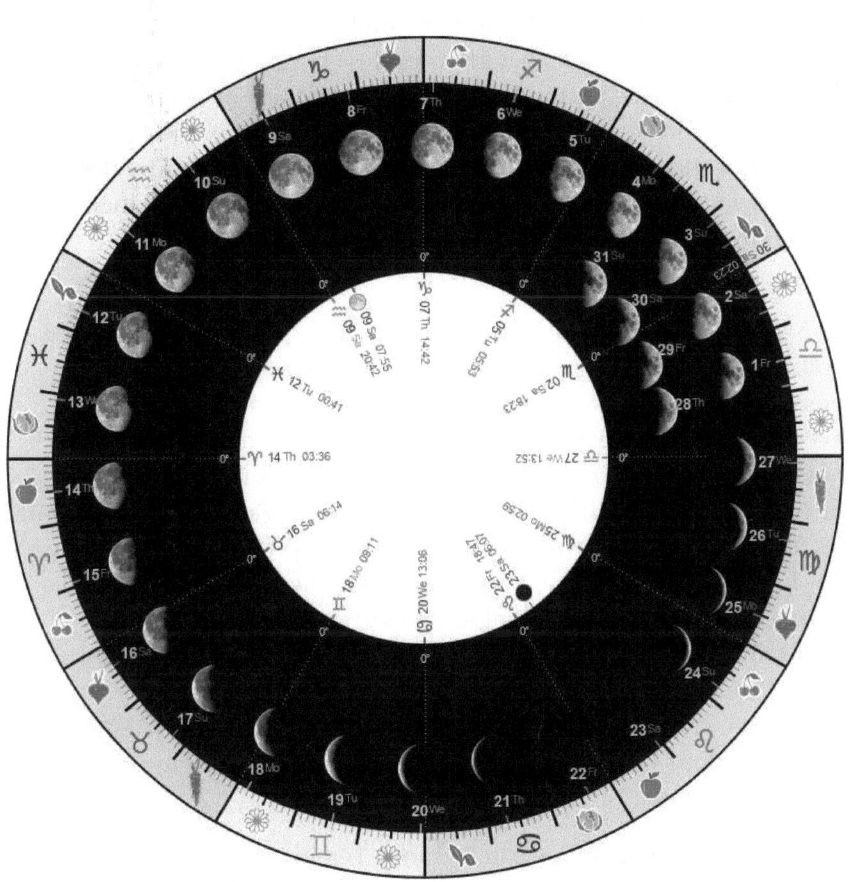

Le mois d'août commence sous la lumière éclatante du premier quartier de lune en Scorpion, le 1er. Sentez l'énergie profonde et transformatrice du Scorpion vous envelopper, vous invitant à regarder au-delà de la surface de vos relations. C'est le moment de plonger dans les émotions qui restent souvent cachées, d'affronter avec courage ce qui demande de l'attention et de résoudre les problèmes avec honnêteté et engagement. En amour, l'ambiance est intense : vous réalisez que vous voulez aller au cœur des choses, que vous aspirez à une connexion plus profonde et plus authentique. Sur le plan financier, le Scorpion vous guide vers des décisions stratégiques. Il est peut-être temps de s'attaquer aux dettes qui vous pèsent ou de prendre des mesures intelligentes qui mèneront à une transformation financière. L'énergie vous pousse à prendre le contrôle et à effectuer les changements nécessaires que vous avez remis à plus tard.

Le 5 août, lorsque la Lune entre dans sa phase gibbeuse en Sagittaire, vous vous sentez revigoré, comme si un vent frais et plein de possibilités soufflait sur votre vie. Le Sagittaire, avec son esprit aventureux et optimiste, vous invite à explorer de nouvelles voies, notamment en amour. C'est le moment d'embrasser la liberté, de sortir de la routine et de vivre de nouvelles expériences avec votre partenaire ou de vous ouvrir à de nouvelles rencontres. Vous aurez envie d'élargir vos horizons, peut-être en voyageant ou simplement en adoptant de nouvelles idées qui enrichiront votre vie. Sur le plan financier, le Sagittaire vous encourage également à rêver en grand. Peut-être vous sentez-vous inspiré pour investir dans quelque chose de plus audacieux, comme un projet qui pourrait se développer au fil du temps, ou pour vous consacrer à votre éducation afin d'ouvrir de nouvelles portes à l'avenir.

Avec la pleine lune en Verseau le 9 août, l'énergie se déplace vers votre individualité. Le Verseau apporte une bouffée d'air frais et d'innovation à vos relations, vous poussant à célébrer ce qui vous rend unique, vous et votre partenaire. C'est une période où vous pouvez vous sentir plus conscient de vos besoins de liberté et d'autonomie, et vous pouvez décider de rompre avec les vieux schémas qui ne vous servent plus. En amour, c'est le moment de vous libérer de ce qui vous retient et d'adopter une nouvelle façon de vivre vos relations, basée sur

une compréhension plus profonde et une liberté mutuelle. Sur le plan financier, le Verseau vous pousse à sortir des sentiers battus. Vous pouvez envisager de nouvelles approches, explorer des technologies innovantes ou des stratégies financières non conventionnelles qui vous permettront d'avancer vers un avenir plus prospère et conforme à vos visions.

Le 12 août, avec la Lune en dissémination en Bélier, vous ressentez une énergie dynamique et affirmée qui vous pousse à agir. Le Bélier vous incite à prendre des initiatives audacieuses, tant en amour que dans vos ambitions personnelles. C'est le moment d'avoir ces conversations que vous avez évitées, de prendre le contrôle de votre vie amoureuse et d'apporter les changements nécessaires avec confiance. Ce n'est pas le moment de rester sur la touche ; le Bélier vous demande de prendre les devants dans vos relations et vos finances. Sur le plan financier, c'est l'occasion de réduire ce qui ne fonctionne plus, d'éliminer les dépenses inutiles ou de vous lancer avec détermination dans de nouvelles aventures financières.

Lorsque la Lune atteint son dernier quartier en Taureau le 16 août, votre énergie devient plus stable et plus concrète. Vous ressentez le besoin de vous ancrer, de rechercher la sécurité et la stabilité dans vos relations. C'est une période où vous réévaluez ce qui compte vraiment, en veillant à ce que votre relation repose sur des bases solides et partagées. En amour, vous recherchez le confort des choses simples, un sentiment de paix et de stabilité que seul le Taureau peut offrir. Sur le plan financier, le Taureau vous incite à la prudence. C'est le moment de revoir votre budget, de planifier à long terme et de faire des choix qui vous apporteront sérénité et sécurité.

Le 19 août, la Lune balsamique en Cancer vous enveloppe dans une atmosphère de réflexion et de guérison émotionnelle. Vous ressentez le besoin de vous retirer un peu, de vous concentrer sur votre foyer et votre famille. C'est le moment de panser les vieilles blessures et de vous préparer à de nouveaux départs. En amour, vous vous consacrez à la création d'un environnement douillet et protecteur, tant pour vous que pour vos proches. Sur le plan financier, le Cancer vous invite à investir dans votre foyer et vos liens familiaux, et à penser à l'avenir en tenant compte des besoins de ceux que vous aimez.

La Nouvelle Lune en Vierge du 23 août apporte un vent de renouveau et d'ordre. Vous avez envie de vous réorganiser, de mettre en place de nouvelles habitudes qui rendront votre vie plus efficace et plus satisfaisante. En amour, vous vous concentrez sur les petits gestes qui font la différence, faisant de chaque jour une occasion de renforcer votre lien avec votre partenaire. Dans le domaine financier, la Vierge vous incite à être détaillé et précis. C'est le moment idéal pour établir un budget précis, pour planifier des projets qui demandent de la discipline et de la minutie.

Le mois se termine avec le croissant de Lune en Balance le 27 août, qui apporte une énergie d'équilibre et de beauté dans votre vie. Vous ressentez le besoin d'harmonie dans vos relations, d'équilibrer vos besoins et ceux de votre partenaire, de veiller à ce que tout se passe bien et de manière satisfaisante. En amour, la Balance vous incite à trouver le bon équilibre, à cultiver la compréhension mutuelle et à célébrer la beauté du lien que vous avez créé. Sur le plan financier, c'est le moment de collaborer, de faire des investissements qui reflètent vos valeurs esthétiques ou qui vous offrent une touche de luxe. L'énergie de la Balance vous invite à prendre des décisions qui vous apportent paix et prospérité, tant sur le plan relationnel que financier.

La lune dans le jardin

Le mois commence sous la lumière éclatante du premier quartier de lune, le 1er août. Vous sentez le jardin palpiter de vie, prêt à accueillir vos mains dans la terre. C'est le moment idéal pour planter les plantes annuelles qui pousseront au soleil : les légumes verts à feuilles, les céréales qui se balanceront dans le vent, les herbes qui embaumeront l'air et les concombres qui grimperont avec enthousiasme. Chaque coupe d'herbe, chaque greffe, chaque taille que vous faites ces jours-ci renforce la vitalité de vos plantes, les stimulant à croître de manière forte et luxuriante.

Le 2 août, la Lune entrant dans la phase de gibbeuse ascendante, l'énergie devient plus intense et votre attention se porte sur les plantes fruitières, les céréales mûres et les fleurs qui vont bientôt éclore. Les

plantes commencent à accumuler de l'énergie, se préparant à fleurir et à porter des fruits. Pendant ces jours, jusqu'au 8 août, vous vous consacrez avec soin à la tonte, à la greffe et à la taille, sachant que chaque geste aide vos plantes à se préparer à une récolte abondante et satisfaisante.

Le 9 août, la pleine lune illumine votre jardin comme un phare de paix. C'est un moment de repos, tant pour vous que pour la nature qui vous entoure. Sentez l'énergie accumulée par vos plantes, qui semblent presque briller sous la lumière de la lune. C'est le moment idéal pour cueillir des herbes et des plantes médicinales, en exploitant au maximum leur puissance. Vous vous accordez une pause, observant le travail que vous avez accompli, vous sentant en phase avec le cycle naturel que vous avez suivi jusqu'à présent.

À partir du 10 août, lorsque la Lune commence à décliner dans sa phase gibbeuse, votre regard se tourne vers la terre, vers les racines qui se trouvent sous la surface. Vous plantez des légumes-racines, des arbres et des arbustes vivaces, sachant que l'énergie se concentre désormais sur la consolidation. Chaque récolte que vous effectuez, chaque fertilisation que vous faites, prépare le terrain pour l'avenir, en veillant à ce que le jardin reste sain et productif même pendant les mois les plus calmes. Dans cette phase, la tonte et la taille sont plus prudentes et visent à contenir la croissance, en accord avec la Lune qui se retire lentement.

Le 16 août, avec la Lune dans son dernier quartier, vous continuez à vous occuper des plantes sous terre, achevant le travail le plus important avant que le jardin n'entre dans une phase de repos. Vous sentez que l'énergie ralentit, et c'est comme si le jardin préparait lui aussi sa longue respiration.

Du 17 au 22 août, le croissant décroissant apporte un sentiment de calme. Ce n'est pas le moment de semer de nouvelles graines, mais de récolter et de préserver ce que la terre a donné. Vous fertilisez le sol, vous vous occupez des mauvaises herbes et chaque coupe que vous faites est destinée à maintenir l'ordre et la paix dans le jardin. Pendant cette période de repos, vous ressentez un lien profond avec la nature, un moment où vous et le jardin vous préparez pour le cycle suivant.

Le 23 août, la Nouvelle Lune en Vierge arrive comme une bouffée d'air frais. C'est le moment de se reposer, de méditer et de planter les graines de l'intention pour l'avenir. Cette phase vous offre une pause, l'occasion de rassembler vos idées et de planifier le prochain chapitre de votre aventure dans le jardin.

Le 24 août, avec le croissant de lune, le cycle recommence. L'énergie remonte et votre attention se porte à nouveau sur la plantation de vos plantes annuelles de surface. Chaque geste, chaque soin que vous apportez à votre jardin ces jours-ci, porte en lui la promesse d'une vie nouvelle, d'un jardin qui s'épanouira et vous rendra la pareille par son abondance.

SEPTEMBRE 2025

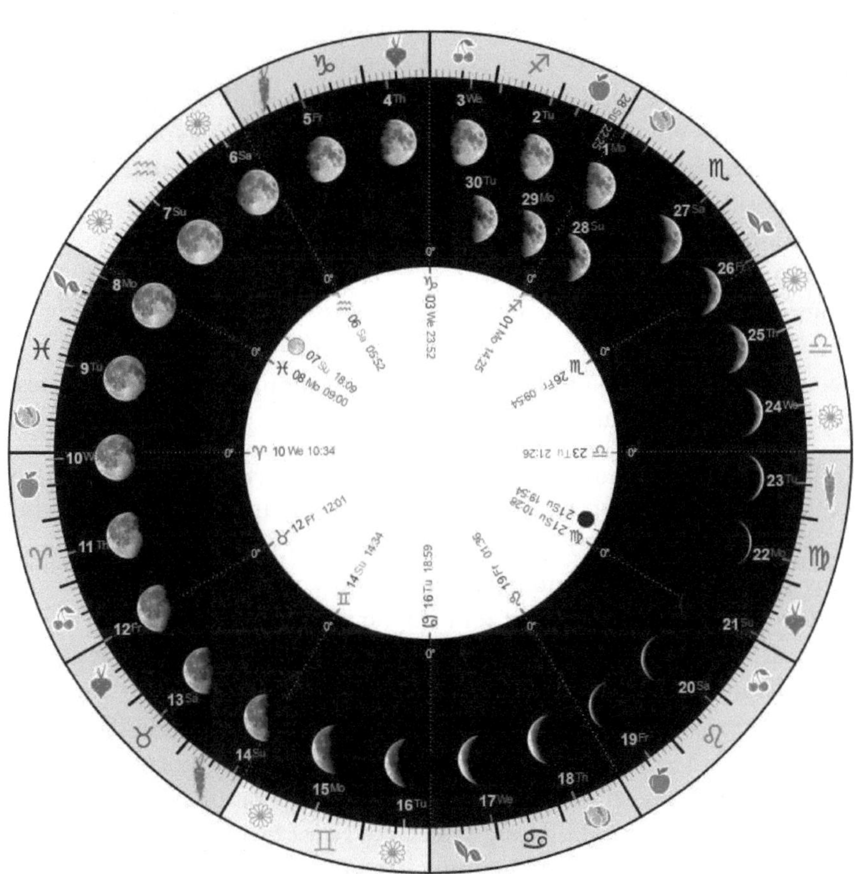

Le mois prend vie sous la Lune montante en Capricorne le 4 septembre, une énergie qui vous incite à vous pencher sérieusement sur vos relations et vos projets. Vous ressentez le besoin de construire du solide, de poser des bases sûres pour faire grandir l'amour et la complicité avec ceux qui vous entourent. C'est une période où vos efforts doivent être guidés par la patience et la discipline, des qualités que le Capricorne amplifie, ce qui en fait un moment idéal pour revoir vos objectifs financiers et prendre ces mesures concrètes dont vous savez qu'elles vous mèneront loin.Le 7 septembre, la Pleine Lune en Poissons vous enveloppe de son énergie émotionnelle et spirituelle. Vous vous retrouvez à explorer les profondeurs de votre cœur, laissant émerger des émotions que vous aviez peut-être gardées cachées. C'est l'occasion de laisser tomber les vieilles rancunes et d'embrasser le pardon, tant pour vous-même que pour ceux que vous aimez. Ce moment est également une fenêtre ouverte sur le côté plus éthique et plus compatissant de votre vie financière : vous pouvez vous sentir poussé à faire le bien, à utiliser vos ressources pour soutenir des causes qui reflètent vos valeurs les plus profondes.

Le 11 septembre, la Lune en désordre en Taureau vous invite à rechercher le réconfort dans les choses simples et tangibles. La stabilité devient votre mot d'ordre et vous ressentez le besoin de renforcer les liens avec ceux que vous aimez par des gestes concrets : un repas partagé, un cadeau mûrement réfléchi, un moment d'intimité qui réchauffe l'âme. D'un point de vue financier également, c'est une phase où vous préférez la sécurité à la spéculation, en vous orientant vers des choix qui protègent votre avenir et vous apportent de la sérénité.Le 14 septembre, la Lune en dernier quartier des Gémeaux apporte un souffle d'air frais et de vivacité dans votre vie. Les conversations deviennent plus légères, mais aussi plus significatives : c'est le moment de dissiper les malentendus, d'explorer de nouvelles idées et de vous ouvrir à des perspectives différentes. Durant cette période, votre esprit est agile, prêt à s'adapter et à trouver des solutions innovantes, non seulement en amour mais aussi dans la gestion de vos ressources.

Le 18 septembre, avec la Lune balsamique en Lion, vous vous plongez dans une réflexion créative et passionnée. Le Lion enflamme le désir d'exprimer votre véritable essence, de vous reconnecter à ce qui fait

battre votre cœur. C'est le moment de cultiver ce qui vous rend heureux, de vous préparer à de nouveaux départs avec une énergie créative renouvelée. Sur le plan financier, vous pourriez vous sentir inspiré pour investir dans quelque chose qui vous permet de briller, quelque chose qui est en accord avec vos rêves et ambitions les plus profonds.Le 21 septembre, la Nouvelle Lune en Vierge vous invite à retrousser vos manches et à mettre de l'ordre dans votre vie. Il est temps de faire le ménage, d'instaurer de nouvelles habitudes et routines qui vous soutiendront jour après jour. En amour, il s'agit de soigner les petits détails qui entretiennent le lien, tandis que sur le plan financier, la Vierge vous guide vers une planification méticuleuse, vous poussant à mieux organiser vos ressources et à poser des bases solides pour l'avenir.

Le 25 septembre, le croissant de Lune en Scorpion vous enveloppe d'une énergie intense et transformatrice. Les relations s'approfondissent et vous ressentez le besoin d'explorer l'intimité avec ceux que vous aimez, de permettre à la passion de grandir et à la confiance mutuelle de s'épanouir. C'est le moment idéal pour aborder des questions financières complexes, pour investir de manière stratégique ou pour vous libérer de vieilles dettes, ouvrant ainsi la voie à une nouvelle prospérité.

Le mois s'achève le 29 septembre avec la Lune en premier quartier en Capricorne, qui vous ramène à une énergie pragmatique et ambitieuse. C'est le moment de faire le point sur vos relations, de consolider ce que vous avez construit, peut-être de planifier l'avenir avec ceux que vous aimez. Même sur le plan financier, cette phase vous encourage à poursuivre vos objectifs avec détermination et discipline, sachant que chaque pas que vous faites vous rapproche du succès que vous désirez.

La lune dans le jardin

Au début du mois, le 1er septembre, vous êtes plongé dans l'énergie ascendante du gibbosa décroissant. Vous ressentez un besoin naturel de cultiver et d'entretenir ce qui pousse en surface, comme les fruits juteux, les grains dorés et les fleurs qui vont bientôt éclore. C'est une période où le jardin semble respirer profondément, se développant avec chaque soin que vous lui apportez. Chaque tonte de pelouse,

chaque taille et chaque greffe contribuent à revigorer les plantes, préparant le terrain à une croissance luxuriante et vivifiante.

Alors que la Lune poursuit son chemin jusqu'au 6 septembre, l'énergie reste axée sur la croissance active. Vos efforts dans le jardin ne sont pas seulement pour aujourd'hui, mais ils plantent les graines des fruits que vous récolterez demain, au sens propre comme au sens figuré. Chaque jour qui passe vous rapproche d'un moment d'achèvement, qui culminera avec la Pleine Lune du 7 septembre. Sous la lumière argentée de la pleine lune, vous prenez le temps de vous reposer et de réfléchir, en observant fièrement le jardin que vous avez entretenu. C'est aussi le moment idéal pour cueillir des herbes médicinales, sachant qu'à ce moment-là, les plantes renferment toute leur force et leur puissance.

Le 8 septembre, la Lune commence à décroître, entrant dans la phase de gibbeuse décroissante. Votre attention se porte désormais sur les plantes enracinées, comme les légumes-racines, qui mûrissent dans le silence de la terre. C'est une période de consolidation, où vous vous consacrez à la récolte de ce que vous avez semé, à la fertilisation du sol et à la transplantation des plantes vivaces, préparant le jardin au repos qui l'attend. Cette phase vous invite à préserver les ressources, à prendre soin de la terre qui a tant donné, en veillant à ce que tout soit prêt pour le cycle plus calme qui va commencer.

Le 14 septembre, avec l'arrivée du dernier quartier de Lune, le jardin entre dans une phase d'entretien. Vous vous concentrez sur le soin des racines, la plantation d'arbres et l'entretien des arbustes et des plantes vivaces. L'énergie de la Lune décroissante vous suggère de tailler et d'élaguer, de réduire la croissance pour maintenir la santé et la durabilité de votre jardin, comme si vous berciez la nature dans son doux sommeil.

Du 15 au 20 septembre, le croissant de lune décroissant apporte une période de repos. Le jardin, comme vous, entre dans une phase de calme. Ce n'est pas le moment de semer de nouvelles graines, mais de récolter les fruits de votre travail, de conserver les récoltes, de fertiliser calmement et de combattre les mauvaises herbes avec patience. Ces jours-ci, l'énergie vous invite à l'introspection, permettant au jardin et à

vous-même de vous arrêter, de reprendre votre souffle et de vous préparer au prochain cycle de croissance.

Le 21 septembre, la Nouvelle Lune vous accueille avec un sentiment de renouveau. C'est le moment de prendre de nouvelles résolutions, de réfléchir et de célébrer le cycle qui vient de s'achever. La Nouvelle Lune est une respiration profonde avant de se replonger dans le travail. Avec le début du croissant de lune, le 22 septembre, vous sentez l'énergie remonter. Vous vous concentrez à nouveau sur les plantes annuelles qui poussent en surface : les légumes verts à feuilles, les céréales et les herbes. C'est le moment idéal pour reprendre les travaux de greffe, de taille et de tonte, afin de stimuler un nouveau cycle de croissance qui promet l'abondance.

Vers la fin du mois, à mesure que le croissant de lune avance, le jardin se remplit d'une vie nouvelle. C'est le moment où vous nourrissez les jeunes plantes, encouragez les pousses à germer et vous consacrez avec passion à l'expansion du potentiel de votre jardin. Vous sentez que chaque geste, chaque soin, contribue à un avenir luxuriant, plein de promesses et de beauté.

OCTOBRE 2025

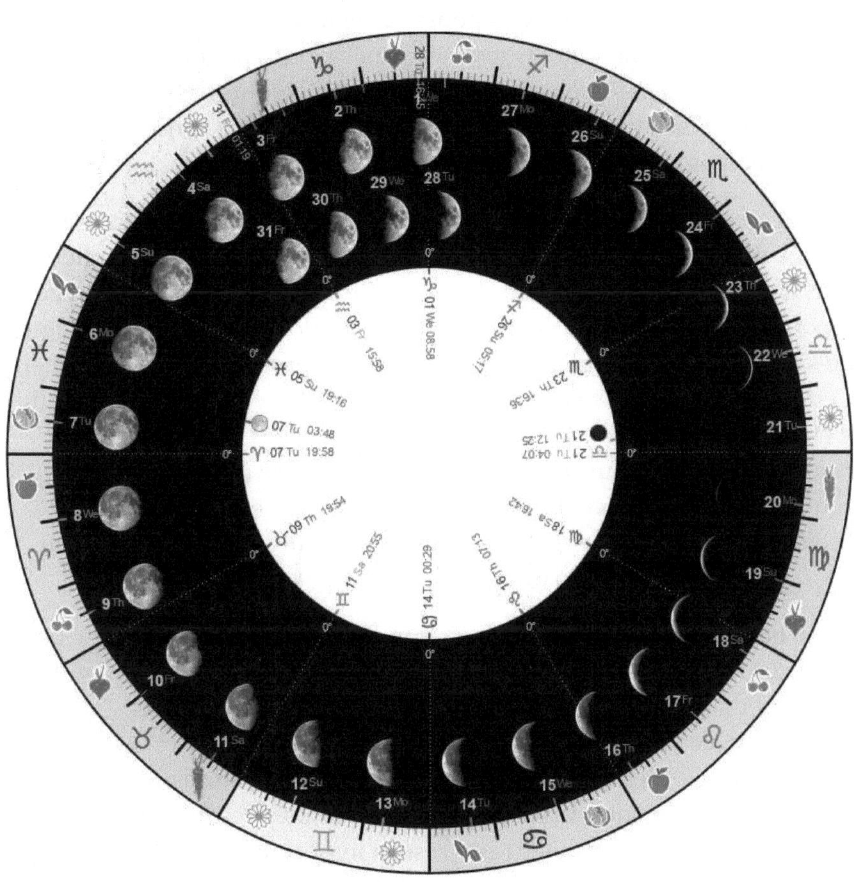

Début octobre, le croissant de Lune en Verseau vous invite à respirer un air nouveau. Les relations prennent une tournure différente, plus libre et plus ouverte. Vous ressentez le besoin d'espace, d'explorer de nouvelles façons de vous connecter avec ceux que vous aimez, sans le carcan des conventions. Les idées volent comme le vent, portant avec elles l'énergie de quelque chose de frais et d'inattendu. Même sur le plan financier, le Verseau vous pousse à regarder vers l'avant, à explorer des investissements tournés vers l'avenir, peut-être liés à la technologie ou à des projets qui impliquent la communauté. C'est le moment de planter les graines de l'innovation, avec la certitude qu'elles porteront leurs fruits.

Le 7 octobre, avec la pleine lune en Bélier, tout s'intensifie. L'air est chargé d'électricité et, en amour, vous sentez votre cœur battre plus vite, comme s'il vous poussait à faire ce pas audacieux que vous avez repoussé. Le Bélier ne laisse aucune place au doute : il est temps d'agir, de s'attaquer à ces problèmes non résolus qui pèsent comme un rocher. Cette énergie n'est pas faite pour ceux qui hésitent ; elle vous demande d'être courageux, de vous lancer dans de nouvelles aventures ou de résoudre une fois pour toutes ce qui ne fonctionne plus. Les finances sont également concernées par cette impulsion : c'est le moment de prendre des risques, de se lancer dans une aventure qui demande du courage et de la détermination.

Le 10 octobre, la Lune en Gémeaux apporte un souffle de légèreté. Les mots coulent facilement, comme une rivière qui s'adapte à son cours. C'est le moment idéal pour parler, partager ses pensées et ses sentiments, écouter et être entendu. Les conversations se tissent comme des fils colorés, créant de nouveaux fils dans vos relations. Sur le plan financier, les Gémeaux vous invitent à rassembler des informations, à revoir vos plans, à vous mettre en réseau avec ceux qui peuvent vous ouvrir de nouvelles voies. C'est une période où la curiosité est votre meilleure alliée, vous guidant vers des opportunités que vous n'aviez pas envisagées auparavant.

A l'approche du 13 octobre, la Lune en dernier quartier en Cancer vous enveloppe d'une étreinte chaleureuse et rassurante. Vous ressentez le besoin de prendre soin de vous et des personnes que vous aimez, de

créer un nid sûr où vous pouvez vous réfugier. C'est le moment d'écouter vos émotions, d'entretenir les relations qui vous sécurisent. Vos finances méritent également une attention particulière : c'est le moment d'être prudent, de consolider ce que vous avez, de penser à l'avenir avec le calme et la sérénité que seul le Cancer peut vous offrir.

Le 17 octobre, avec la Lune balsamique en Vierge, votre énergie change à nouveau. Vous devenez plus réfléchi, attentif aux détails, désireux de mettre de l'ordre dans votre maison, mais aussi dans votre cœur. C'est le moment de faire le point, d'affiner ce qui ne fonctionne pas, de vous préparer aux nouveaux départs que vous sentez imminents. En amour, c'est une période d'attention et de dévouement, où chaque petit geste compte. D'un point de vue financier également, la Vierge vous guide vers une planification minutieuse, un réexamen des habitudes et des stratégies, afin de vous assurer que tout est parfaitement équilibré.

Le 21 octobre, la Nouvelle Lune en Balance marque le début de quelque chose d'harmonieux. Vous ressentez le désir de créer de la beauté, d'établir de nouvelles intentions qui apporteront de l'équilibre à votre vie. En amour, c'est le moment de repartir à zéro, de rétablir l'harmonie dans les relations, de travailler ensemble pour un avenir commun. La Balance vous guide également dans vos choix financiers, vous incitant à investir dans ce qui nourrit l'âme, comme l'art ou les partenariats qui promettent équilibre et prospérité.

Le 25 octobre, le croissant de Lune en Sagittaire vous propulse vers de nouveaux sommets. L'énergie est pétillante, pleine d'optimisme et d'envie de découvrir. Il est temps d'élargir vos horizons, d'explorer de nouvelles voies à cœur ouvert. En amour, vous ressentez l'appel de l'aventure, du voyage, de l'épanouissement à deux. Vos finances suivent également ce sillage : il est temps d'investir dans des choses qui élargissent votre esprit, comme l'éducation ou des expériences qui vous enrichissent intérieurement.

Le mois se termine avec le premier quartier de lune en Verseau, le 29 octobre. Cette énergie fraîche et innovante revient, cette volonté de regarder vers l'avant, de construire quelque chose de nouveau et d'audacieux. En amour, vous vous sentez libre, prêt à soutenir vos rêves et ceux de votre partenaire, sans renoncer à votre singularité. Sur

le plan financier, le Verseau vous invite à expérimenter, à parier sur des idées révolutionnaires, à imaginer un avenir qui reflète votre vision la plus brillante. C'est le moment d'oser, sachant que chaque pas vous rapproche de la vie que vous désirez.

La lune dans le jardin

Vous commencez le mois avec la Lune en phase gibbeuse ascendante, et il semble que tout autour de vous se prépare à une explosion de vie. Les plantes de votre jardin répondent avec enthousiasme à cette énergie, prêtes à pousser, à s'élancer vers le haut. Vous semez avec soin les céréales, les fleurs et les plantes fruitières qui bientôt empliront l'air de doux parfums et de promesses d'abondance. En tondant la pelouse, vous sentez la terre se renforcer sous vos pieds, comme si elle absorbait elle aussi la force croissante de la Lune. Chaque coupe, chaque taille semble stimuler une nouvelle vigueur chez les plantes, qui répondent par un vert plus profond et une apparence plus luxuriante.

Le 7 octobre, la pleine lune éclaire votre jardin d'une lumière presque magique. C'est le moment de faire une pause, de contempler le travail des semaines précédentes. Vous vous promenez parmi les plantes, vous touchez délicatement les herbes prêtes à être récoltées, vous sentez la puissance qu'elles ont accumulée sous l'effet de la pleine lune. Il y a une sorte de célébration tranquille dans l'air, le sentiment que tout est en place, que la croissance a atteint son apogée.

Avec le début de la phase de gibbeuse décroissante, vous sentez l'énergie se déplacer, se diriger vers le bas, vers la terre. C'est le moment de planter des légumes et des plantes vivaces, de soigner les racines, de s'assurer que les fondations de votre jardin sont solides et prêtes pour l'hiver. Chaque motte de terre que vous déplacez, chaque plante que vous transplantez, est un pas vers la préparation d'un jardin qui non seulement survivra, mais s'épanouira à l'arrivée de la nouvelle saison. À mesure que la lune perd de sa clarté, le rythme de votre jardinage ralentit également. La taille devient plus légère, visant à réduire la croissance et à conserver l'énergie.

A partir du 14 octobre, le croissant décroissant apporte un calme presque palpable. Vous sentez qu'il est temps de ralentir vraiment, de laisser le jardin entrer dans une période de repos. Ce n'est plus le

moment de planter, mais plutôt celui de l'entretien et de la réflexion. Alors que vous arrachez les mauvaises herbes et tondez la pelouse pour la dernière fois avant l'hiver, le jardin se prépare à dormir, prenant des forces pour le cycle suivant.

La Nouvelle Lune du 21 octobre marque le début de quelque chose de nouveau. Vous prenez le temps de vous arrêter, de respirer profondément et de réfléchir à vos intentions pour le nouveau cycle qui est sur le point de commencer. Il y a un sentiment de paix, de renouveau, comme si tout était prêt à recommencer. Le silence qui règne dans le jardin est presque solennel, rappelant que chaque fin apporte avec elle un nouveau commencement.

Lorsque le croissant de lune commence à prendre forme, on sent l'énergie revenir, palpiter sous la surface. C'est le signal qu'il est temps de se remettre au travail, de planter à nouveau les annuelles en surface, de redémarrer le cycle. Vous tondez la pelouse en sachant que chaque action stimule la croissance, que chaque geste oriente l'énergie des plantes vers un développement fort et sain. C'est un nouveau départ, une nouvelle occasion de cultiver la vie dans votre jardin et dans votre cœur.

NOVEMBRE 2025

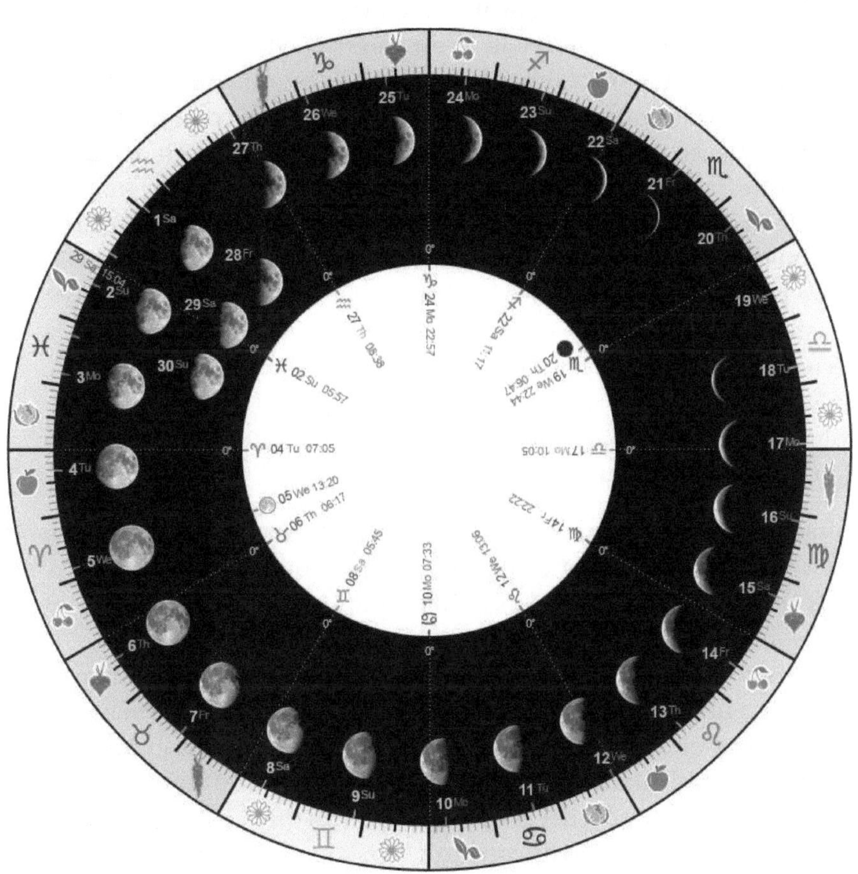

Le mois commence avec le croissant gibbeux de la Lune en Poissons, le 2 novembre. L'air est chargé d'une sensibilité presque palpable, comme si chaque émotion était amplifiée par la lumière de la Lune qui se fraye un chemin à travers les nuages. Vous vous sentez plus proche de votre partenaire, les mots coulent facilement, mais c'est dans les silences que vous vous comprenez vraiment. C'est alors que votre intuition devient votre guide le plus sûr. Lorsque vous pensez à vos finances, il n'y a pas de place pour les calculs froids et rationnels : suivez votre instinct, faites confiance à ce sentiment qui vous dit quel chemin prendre.Le 5 novembre, la Pleine Lune en Taureau illumine le ciel comme un phare de stabilité. Vous ressentez l'appel de la terre sous vos pieds, le besoin de vous ancrer, de créer quelque chose de solide et de durable. Avec votre partenaire, c'est le moment d'apprécier les petites choses qui construisent votre vie ensemble : le confort d'une maison agréable, la sécurité d'une étreinte familière. Sur le plan financier, vous réalisez qu'il est temps de récolter ce que vous avez semé. Le travail acharné commence à porter ses fruits et vous permet de jouir de la sécurité que vous recherchez depuis si longtemps.

Lorsque la Lune commence à décliner en Cancer le 8 novembre, vous avez envie d'entretenir et de protéger ce que vous avez. Les conversations deviennent plus intimes, plus profondes. Vous ressentez le besoin de partager non seulement vos pensées, mais aussi vos craintes et vos espoirs. C'est le moment de renforcer les liens, d'investir dans le cœur de votre famille et de votre nid. Les décisions financières reflètent également ce désir de soin et de protection, vous guidant vers des choix qui sécurisent ceux que vous aimez.Le 12 novembre, la Lune atteint son dernier quartier en Lion, et avec lui vient le temps de réfléchir à ce que vous avez construit. Vous vous sentez poussé à exprimer qui vous êtes vraiment, à ne pas laisser vos désirs se perdre dans le bruit de la routine quotidienne. Dans les relations, cela pourrait signifier avoir des conversations difficiles mais nécessaires pour rétablir l'équilibre. En ce qui concerne la gestion des finances, il est temps de revoir vos projets, afin de vous assurer qu'ils soutiennent réellement vos passions et vos rêves.

Le 16 novembre, sous la douce Lune en Balance, votre énergie devient plus calme, plus réfléchie. Vous vous accordez le temps de regarder en

vous, de trouver la paix dont vous avez besoin pour clore les chapitres inachevés. Les tensions s'estompent et, dans les relations, vous essayez de rétablir l'harmonie qui semble parfois vous échapper. Sur le plan financier, il est temps de terminer ce que vous avez commencé, de rembourser les dettes, de faire le ménage, préparant ainsi le terrain pour un nouveau départ.Le 20 novembre, la Nouvelle Lune en Scorpion apporte avec elle une énergie puissante et transformatrice. Vous ressentez le besoin de vous renouveler, de laisser derrière vous les vieux schémas qui ne vous servent plus. C'est le moment de fixer de nouvelles intentions, tant en amour qu'en argent, en vous concentrant sur des liens plus profonds et des choix financiers qui vous renforcent. La Nouvelle Lune en Scorpion vous incite à regarder à l'intérieur de vous, à trouver la vérité et à reconstruire à partir de là.

Lorsque la Lune devient croissant en Capricorne le 24 novembre, l'énergie change à nouveau, devenant plus concrète, plus orientée vers l'action. Il est temps de travailler dur, de prendre les décisions qui vous mèneront là où vous voulez aller. Chaque pas que vous faites maintenant est chargé de détermination et de discipline. Dans les relations, vous construisez patiemment, brique par brique, tandis que dans les finances, vous vous concentrez sur les investissements à long terme, en planifiant soigneusement votre avenir.Le mois se termine avec le premier quartier de lune en Poissons, le 28 novembre. L'énergie circule à nouveau et vous suivez votre cœur plutôt que votre tête. Vous vous laissez guider par votre intuition, en particulier dans les relations, où vous explorez de nouvelles profondeurs émotionnelles. Même dans le domaine financier, c'est le moment de faire confiance au processus, de vous laisser inspirer, sachant que vos choix actuels, bien que créatifs et parfois non conventionnels, peuvent ouvrir la voie à un avenir plus radieux et plus satisfaisant.

La lune dans le jardin

Lorsque le mois commence avec le croissant de lune, vous entendez l'appel de la terre qui s'éveille sous la lumière montante. Vous sortez dans le jardin, respirant l'air frais du matin, tandis que les premières lueurs de l'aube caressent le sol. Les mains plongées dans le sol meuble, vous commencez à planter les nouvelles plantes fruitières, les céréales qui danseront dans le vent et les fleurs qui coloreront bientôt

votre espace de mille nuances. Chaque geste, de la greffe à la taille, porte en lui la promesse d'une croissance vigoureuse, l'énergie de la Lune propulsant les plantes vers le ciel.

Le 5 novembre, la pleine lune en Taureau éclaire la nuit d'une lumière douce et enveloppante, vous invitant à vous arrêter et à réfléchir. Dans ce silence argenté, vous prenez le temps de vous arrêter, de respirer profondément et de sentir l'équilibre entre le travail que vous avez accompli et celui qui vous attend. Vous vous penchez pour cueillir des herbes et des plantes médicinales, sachant qu'elles sont maintenant les plus puissantes, comme si la Lune elle-même leur avait insufflé une énergie particulière. C'est un moment de célébration, de méditation et de gratitude pour le cycle qui s'achève.

Lorsque la Lune commence à décliner le 6 novembre, vous sentez qu'il est temps de retourner à la terre, à ce qui est caché sous la surface. Vous plantez des légumes-racines, des arbres robustes et des plantes vivaces qui résisteront au froid de l'hiver. Chaque motte de terre que vous soulevez, chaque graine que vous enfouissez, est un acte de soin et de préparation. Fertiliser, transplanter, tout est fait dans l'intention de consolider et de nourrir, de s'assurer que les racines sont fortes et que le jardin peut faire face aux jours plus courts et plus froids qui s'annoncent.

Avec l'arrivée du dernier quartier de lune le 12 novembre, vous continuez à travailler patiemment, à ajuster ce qui doit l'être, à faire en sorte que chaque plante soit prête pour le repos hivernal. La taille et la fertilisation ne sont pas seulement des actes d'entretien, mais des gestes d'amour envers votre jardin qui se prépare à dormir sous la couverture de l'hiver.

Le croissant décroissant du 13 novembre vous invite à un travail plus calme, presque contemplatif. Vous n'êtes plus pressé de planter, mais vous vous consacrez à récolter les fruits de votre travail, à préserver ce que vous avez cultivé et à débarrasser le jardin des mauvaises herbes. La nature elle-même semble vous dire de ralentir, de préparer ce qui est à venir, de mettre de l'ordre et de faire de la place.

Le 20 novembre, la Nouvelle Lune en Scorpion apporte une période de calme et de réflexion profonde. C'est le moment de s'arrêter, de regarder ce que vous avez accompli et de penser à ce que vous souhaitez pour les mois à venir. Vous ressentez le besoin de vous reposer, de renouveler votre énergie, de vous préparer à un nouveau départ qui s'annonce.

Et lorsque la Lune se lève à nouveau, le 21 novembre, vous vous remettez au travail avec une énergie nouvelle. Le jardin est prêt à accueillir de nouvelles plantes, des feuilles qui se déploieront sous le soleil d'hiver, des grains qui germeront avec force. Vous recommencez à façonner la terre, à tailler et à greffer, sachant que chaque soin apporté maintenant donnera un jardin luxuriant prêt à braver l'hiver.

Le mois se termine avec le croissant de lune et le premier quartier qui promettent croissance et force. Vous regardez votre jardin et voyez non seulement ce qu'il est, mais aussi ce qu'il deviendra. Vos soins constants, votre attention aux détails, garantissent que les plantes sont prêtes à prospérer, même lorsque le froid tente de les arrêter. Ainsi, tandis que la Lune poursuit son voyage, vous poursuivez le vôtre, main dans la main avec la nature, prêt à nourrir et à protéger ce que vous aimez.

DÉCEMBRE 2025

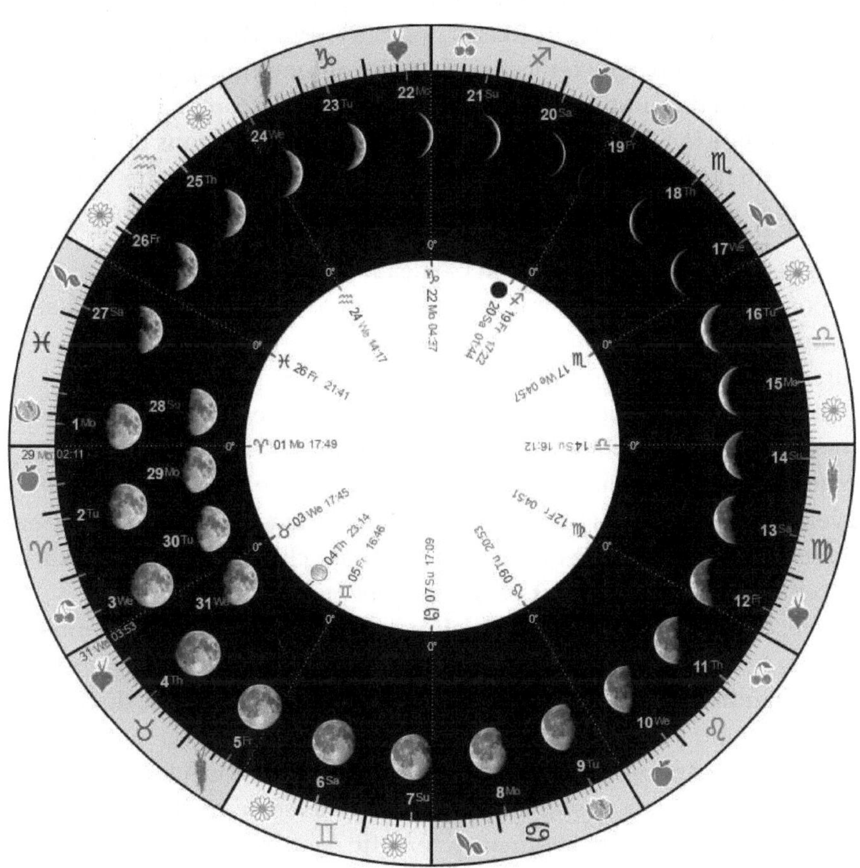

Début décembre, le croissant de Lune en Bélier vous enveloppe d'une vague d'énergie vibrante. Vous sentez un feu intérieur qui vous pousse à bouger, à prendre des initiatives, en amour comme au travail. C'est comme si l'univers vous murmurait à l'oreille : "C'est le moment". Vous avez une confiance en vous que vous n'avez pas ressentie depuis longtemps. Vous vous retrouvez à poursuivre vos désirs avec une détermination presque féroce, car le Bélier allume en vous la flamme de la passion et de l'ambition. Mais ce dynamisme s'accompagne aussi d'une impulsion à agir sans trop réfléchir. C'est là que vous devez vous arrêter un instant, respirer et réfléchir à ce que vous allez faire. Les émotions vont vite, mais ne vous laissez pas submerger.

Le 4 décembre, la pleine lune en Gémeaux s'élève dans le ciel, apportant avec elle une lumière qui éclaire chaque recoin caché. C'est le temps des vérités non dites, des conversations reportées. Sous cette lune, parler devient presque une nécessité physique. Chaque mot semble couler plus facilement, et les barrières entre vous et les autres se dissolvent, laissant place à un dialogue sincère. C'est ici que vous pouvez dissiper les malentendus, vous ouvrir, dire enfin ce que vous avez gardé en vous. Même dans le domaine financier, la clarté règne en maître. Vous remarquez des détails qui vous échappaient auparavant, et ces aperçus vous guident vers des choix plus sages.8 Décembre arrive, et la Lune commence à éclairer le Lion. Le monde vous semble plus lumineux, et en vous grandit le désir de donner, de partager sans rien attendre en retour. C'est le moment d'ouvrir votre cœur, de faire des gestes qui parlent d'amour et de générosité. Vous vous sentez poussé à montrer votre affection de manière grandiose, à faire en sorte que les gens se sentent spéciaux. Et ce n'est pas seulement l'amour qui transparaît. Dans votre vie financière, cette énergie vous pousse à investir dans ce qui vous rend heureux, ce qui vous donne une profonde satisfaction. Il est peut-être temps de soutenir un projet qui vous tient à cœur ou de donner un coup de main à quelqu'un que vous aimez.

Le 11 décembre, la Lune en dernier quartier de la Vierge vous rappelle à la réalité. Il est temps de mettre de l'ordre, de voir clairement ce qui fonctionne et ce qui ne fonctionne pas. En amour, vous ressentez le besoin d'aborder ces petites questions pratiques que nous ignorons

souvent, mais qui font toute la différence. Il peut s'agir d'une discussion sur les projets d'avenir ou simplement d'un bilan de santé pour s'assurer que vous êtes tous deux heureux et satisfaits. Sur le plan financier, la Vierge vous invite à revoir vos comptes et à affiner vos habitudes de consommation. Le 15 décembre, la Lune balsamique entre en Scorpion, et tout semble enveloppé d'une aura de mystère et de profondeur. Vous vous sentez poussé à regarder à l'intérieur de vous, à lâcher ce qui ne vous sert plus. C'est un voyage intérieur qui peut conduire à de puissantes révélations, à des transformations qui changeront la façon dont vous vous voyez et dont vous voyez vos relations. En amour, cela peut signifier se débarrasser de vieilles rancunes, faire la paix avec le passé et s'ouvrir à un nouveau niveau d'intimité. Dans le domaine financier aussi, il est temps de faire le ménage : rembourser les dettes, clore les vieux chapitres et planifier sagement l'avenir.Lorsque la Nouvelle Lune arrive en Sagittaire le 20 décembre, vous sentez qu'il est temps de regarder vers l'avant avec optimisme. C'est comme si un vent frais balayait les vieilles énergies, apportant avec lui la promesse de nouvelles aventures. En amour, c'est le moment d'explorer, de découvrir de nouvelles parties de vous-même et de votre partenaire. Peut-être un voyage ensemble, ou un nouveau projet pour enflammer votre passion. Toujours sur le plan financier, cette Lune vous invite à voir grand, à prendre des risques calculés qui pourraient ouvrir des portes inattendues.

Le 24 décembre, avec le croissant de Lune en Verseau, le désir de nouveauté devient irrésistible. C'est une période où rompre avec les vieilles habitudes semble plus naturel que jamais. En amour, cela peut signifier expérimenter de nouvelles façons d'être ensemble, embrasser la liberté d'être soi-même, sans contrainte. Et dans le domaine des finances, le Verseau vous incite à investir dans quelque chose d'innovant, de futuriste, peut-être dans un projet qui non seulement vous enrichira, mais aura également un impact positif sur la communauté.Enfin, le 27 décembre, la Lune au premier quartier en Bélier ravive cette flamme de l'action et de la détermination. Vous sentez qu'il est temps de surmonter tous les obstacles, de relever les défis de front. En amour comme au travail, prenez des décisions audacieuses, sans regarder en arrière. Il est temps de vous dépasser, de commencer ce projet que vous avez toujours repoussé ou de faire un

pas en avant dans votre relation. En fin d'année, avec la Lune gibbeuse qui se lève en Taureau le 31 décembre, vous vous retrouvez à construire sur des bases solides, en vous concentrant sur la sécurité et le confort que vous avez cultivés. En amour, il est temps de s'engager et de se stabiliser. Dans le domaine financier, vous vous préparez à entrer dans la nouvelle année avec la certitude que vos racines sont solides et prêtes à supporter ce qui est à venir.

La lune dans le jardin

Début décembre, sous le croissant gibbeux de la Lune en Bélier, l'air semble plein de possibilités. Le jardin se réveille, et vous avec. C'est le moment idéal pour planter les plantes annuelles qui pousseront luxueusement, surtout celles qui porteront des fruits. En marchant entre les rangs, vous sentez la terre tendre sous vos pieds, prête à accueillir de nouvelles graines. Chaque coup de houe, chaque geste de taille est chargé d'énergie et d'espoir. Vous savez que ces journées sont cruciales : la vigueur de la Lune en croissance se reflète dans vos mains, qui travaillent avec précision pour s'assurer que chaque plante reçoit les soins dont elle a besoin.

Le 3 décembre, deux jours avant la pleine lune, le jardin semble respirer dans l'attente. La Lune approche de son apogée et vous ressentez son influence dans toutes les fibres de votre être. Les plantes que vous avez semées semblent réagir, s'enracinant fortement, prêtes à croître sous la lumière qui inondera bientôt le jardin. C'est un moment de profonde connexion avec la terre, un moment où tout semble possible.

Puis, le 4 décembre, la pleine lune en Gémeaux s'élève haut dans le ciel et tout s'arrête. C'est comme si le jardin lui-même savait qu'il est temps de se reposer. Vous faites une pause dans votre travail, vous marchez lentement parmi les plantes, vous cueillez délicatement les herbes et les fleurs. C'est un jour de réflexion, un jour où l'on se remémore les progrès accomplis et où l'on célèbre la beauté que l'on a contribué à créer. La puissance de la pleine lune vous remplit d'un sentiment de paix et de plénitude.

Mais le cycle se poursuit et, dès le 5 décembre, la Lune entame sa descente. La phase de gibbeuse descendante vous incite à regarder sous

la surface, à vous concentrer sur ce qui se trouve sous la terre. C'est le moment de planter des légumes racines, des arbres et des arbustes. En vous penchant pour travailler la terre, vous ressentez l'importance de nourrir et de préparer ces plantes pour leur long voyage à travers l'hiver. La fertilisation devient un acte de soin, la transplantation une promesse de continuité. Chaque taille est un acte de soin, effectué pour s'assurer que la force de la plante ne se dissipe pas.

À l'approche du 11 décembre, le jardin entre dans une phase de repos plus profond. Le dernier quartier de lune vous rappelle que la terre a également besoin de se reposer. Les activités ralentissent et vous vous concentrez sur l'essentiel : renforcer les racines, maintenir la stabilité. Il n'est pas temps de semer de nouvelles graines, mais de consolider ce qui a été fait, en se préparant au calme à venir.

Du 12 au 19 décembre, le croissant de lune décroissant apporte une énergie calme et réfléchie. Il n'y a pas de précipitation, pas de besoin d'en faire plus. C'est le moment où vous vous consacrez à l'entretien, à la récolte des fruits de votre travail, à la préparation de votre jardin pour le repos hivernal. Les plantes, comme vous, conservent leur énergie, prêtes pour un nouveau départ.

Le 20 décembre, la Nouvelle Lune en Sagittaire marque le début d'un nouveau cycle. La nuit est sombre et silencieuse, mais vous sentez déjà le renouveau dans l'air.

C'est le moment de l'introspection, de la réflexion sur ce qui a été et sur ce qui est à venir. Vous prenez le temps de penser à de nouveaux projets, à de nouvelles cultures que vous sèmerez lorsque la lumière de la Lune reviendra.

Ainsi, le 21 décembre, au début du croissant de lune, vous sentez que le moment est venu de reprendre l'action. La terre vous appelle à nouveau et vous répondez avec enthousiasme. Vos mains retournent travailler la terre, plantant les graines d'un nouvel espoir. La taille, la greffe, chaque geste est plein d'attente pour la croissance à venir. Le jardin répond, et vous sentez que tout est en place, prêt pour le prochain cycle de vie.

Vers la fin du mois, du 28 au 31 décembre, le croissant de Lune gibbeux se lève à nouveau et vous sentez que le jardin est prêt pour une nouvelle vague de croissance.

Chaque plante que vous entretenez, chaque pelouse que vous tondez, chaque fleur que vous taillez, est un acte d'amour et de soin. Alors que vous vous préparez pour la nouvelle année, vous savez que vous avez donné le meilleur de vous-même au jardin et qu'il vous récompensera par une croissance forte et saine, prête à affronter tout ce que le prochain cycle lunaire apportera.

LE CALENDRIER BIODYNAMIQUE

Le jardin comme synthèse du corps

Je dois l'avouer : j'ai toujours eu de la chance. Enfant déjà, je me plongeais autant dans les livres de médecine que dans la nature, absorbant les histoires et la sagesse des anciens comme une éponge assoiffée. C'était comme si j'avais grandi avec deux maîtres : l'un fait de pages et de théories, l'autre de terre, de ciel et de racines anciennes. Et alors que la plupart des gens ne voient que des coïncidences, j'ai appris à regarder avec les yeux d'un enfant, à discerner les fils invisibles qui relient tout.

Je me souviens encore de l'époque où, étudiant, je me perdais dans les amphithéâtres de l'université, puis je courais dehors, dans le silence d'un jardin ou parmi les plantes d'une forêt. Là, je pouvais tester ce que j'avais appris. Mais il ne s'agissait pas seulement de tester des notions : c'était une danse entre ce que je savais et ce que je ressentais. Et souvent, lorsque la théorie et la nature s'accordaient, il y avait un moment de pure magie, une illumination qui semblait me transporter dans un autre temps, parmi les ombres d'anciens maîtres chuchotant des secrets oubliés.

Au fil du temps, au fur et à mesure que mes connaissances augmentaient, j'ai commencé à voir comment tout était lié. Il ne s'agissait pas seulement de comprendre la physiologie ou d'appliquer des techniques médicales. Il s'agissait d'un voyage plus profond, qui m'a amené à observer les cycles célestes et la magie qui imprègne la nature elle-même. Comme les anciens qui scrutaient le ciel pour comprendre les sciences, j'ai trouvé dans les cycles lunaires et la biodynamie une clé pour ouvrir les portes cachées en nous.

Imaginez un instant que vous êtes assis à côté de moi, sous une nuit étoilée. Je vous raconte les secrets que j'ai découverts en étudiant la

lune, comment chaque phase affecte non seulement la mer et les plantes, mais aussi notre corps, notre esprit. La biodynamie, cette sagesse ancienne redécouverte, n'est pas seulement pour les champs et les cultures : c'est une carte pour comprendre les rythmes intérieurs, ces cycles psychophysiques qui régissent notre existence.

Tel un alchimiste distillant l'essence d'une plante, j'ai appliqué ces principes pour créer des formules simples, mais extraordinairement puissantes. Il n'y a pas d'astuces ou de magie noire, juste une profonde compréhension des rythmes naturels et célestes qui nous guident. Aujourd'hui, à cœur ouvert, je suis prête à partager ces secrets avec vous. Non pas parce que je suis spéciale, mais parce que je crois que vous aussi pouvez bénéficier de cette sagesse ancienne, adaptée aux temps modernes.

Alors que nous approchons du moment où ce savoir ne sera plus seulement le mien, je sens l'excitation grandir en moi. C'est comme le moment où une plante s'épanouit enfin, montrant au monde ce qu'elle a caché dans ses racines pendant si longtemps. Et c'est ce que je veux partager avec vous : pas seulement des formules, mais une façon de voir et d'expérimenter le monde qui unit la science et l'esprit, la théorie et la pratique, dans un ensemble harmonieux.

Imaginez que vous vous promeniez dans un jardin luxuriant, où chaque plante raconte une histoire et où chaque feuille, chaque fleur et chaque racine palpite de vie. Le calendrier biodynamique est comme une carte ancienne qui vous guide dans ce monde, vous aidant à comprendre non seulement comment cultiver, mais aussi comment sentir le pouls du jardin, en vous alignant sur les rythmes de la Terre et de l'univers.

Lorsque le calendrier vous propose de travailler les jours de feuilles, c'est comme s'il vous parlait de votre respiration, de votre pouls. Les feuilles, respiration de la plante, sont les organes internes, les poumons, le cœur, le foie et tout ce qui s'y rattache. Vous vous penchez pour travailler entre les rangs de laitues et d'épinards, vos mains bougent doucement, comme un chirurgien qui soigne un organe vital. Chaque geste est un remède, une façon de nourrir et de renforcer les parties de vous qui se reflètent dans la nature. Mais vous savez que récolter en ces

jours, c'est demander trop, trop tôt. La récolte faite maintenant se décompose rapidement, tout comme le corps qui, fatigué, cède s'il est poussé au-delà de ses limites.

Il y a ensuite les jours des fruits, symbolisés par le feu, l'élément de la passion et de la transformation. Les fleurs et les fruits de la plante sont les organes reproducteurs du corps. C'est au cours de ces journées que le jardin s'illumine d'une énergie créatrice. Vous vous promenez parmi les pêchers, vous sentez la chaleur du soleil se refléter sur vous et sur eux. Chaque fruit que vous touchez, chaque graine que vous semez, porte en elle la promesse d'une continuité. Le feu qui vous habite, la passion de la vie et de la création, se reflète dans le feu qui anime le jardin. C'est dans ces moments que la récolte dure le plus longtemps, comme l'amour qui se consolide à travers des gestes répétés et des soins constants.

Les journées des racines vous emmènent profondément sous la surface, là où résident les vérités cachées. Les racines sont le système nerveux de la plante, tout comme votre propre système nerveux qui vous relie au monde extérieur et intérieur. Pendant ces journées, travailler avec des carottes, des oignons et des navets revient à prendre soin de ses racines, de son équilibre mental et physique. Vous creusez le sol, vous sentez le lien entre la terre et le corps, entre la nourriture que les racines recherchent et la stabilité que vous recherchez. Les racines que vous cultivez maintenant, tout comme le système nerveux, ont besoin de patience, de temps et d'un environnement protégé pour devenir fortes.Enfin, les jours de fleurs vous soulèvent, légers comme l'air. Ici, les fleurs, organes reproducteurs de la plante, s'ouvrent au monde, comme le corps s'ouvre à l'amour et à la création. Chaque pétale que vous brossez, chaque infusion que vous préparez, est un acte de beauté et de soin pour votre âme. Les fleurs récoltées pendant ces journées portent en elles la quintessence de la vie, leur parfum et leur puissance s'attardant plus longtemps, comme les moments précieux qui restent gravés dans votre mémoire. Pendant ces journées, travailler avec les abeilles ou cueillir des plantes médicinales devient un rituel sacré, un moyen de se connecter à la partie la plus éthérée de soi-même.

Le calendrier biodynamique n'est pas un simple manuel de jardinage, c'est un poème écrit dans la terre, une invitation à danser avec le cosmos. Il vous apprend à considérer le jardin non pas comme un simple espace de culture, mais comme une extension de vous-même, de votre corps et de votre esprit. Lorsque vous prenez soin des plantes, vous prenez également soin de vous, dans un cycle continu de don et de réception, de croissance et de régénération, en harmonie avec les rythmes éternels de la nature.

GLOSSAIRE DES TERMES LUNAIRES

Apogée : point de l'orbite de la Lune le plus éloigné de la Terre.

Ascendant : Le signe du zodiaque s'élevant sur l'horizon oriental au moment de la naissance, qui n'est pas directement lié aux cycles lunaires mais qui est important en astrologie.

Aspect : Angle formé entre la Lune et un autre corps céleste, qui affecte l'interprétation astrologique.

Lune balsamique : La phase finale du cycle lunaire, précédant la Nouvelle Lune, est un moment de clôture et de réflexion.

Lune bleue : La deuxième pleine lune d'un mois civil ou la troisième des quatre pleines lunes d'une saison.

Croissant de lune : La phase suivant la nouvelle lune dans laquelle une petite partie de la lune est éclairée.

Lune noire : La période précédant immédiatement la nouvelle lune, lorsque la lune n'est pas visible dans le ciel.

Décan : Subdivision d'un signe du zodiaque, chaque décan représente 10 degrés et influence l'interprétation de la position de la Lune.

Lune de dissémination : la phase qui suit la pleine lune, une période de partage et de distribution des connaissances.

Eclipse : événement au cours duquel le Soleil, la Terre et la Lune s'alignent, ce qui fait que la Terre bloque la lumière du Soleil de la Lune (éclipse lunaire) ou que la Lune bloque le Soleil (éclipse solaire).

Ecliptique : La trajectoire apparente du Soleil, que la Lune suit de près au cours de son orbite.

Premier quartier de lune : phase durant laquelle la moitié de la lune est éclairée, marquant un moment d'action et de décision.

Pleine Lune : Lorsque la Lune est entièrement illuminée, vue de la Terre, elle représente l'achèvement et l'aboutissement.

Lune gibbeuse : phase comprise entre le premier quartier et la pleine lune, au cours de laquelle plus de la moitié de la lune est éclairée, mais pas la totalité.

Grand Trine : aspect harmonique impliquant la Lune et deux autres planètes, formant un triangle équilatéral.

Lune des moissons : Pleine lune la plus proche de l'équinoxe d'automne, traditionnellement importante pour l'agriculture.

Héliocentrique : Modèle du système solaire avec le Soleil au centre, influençant les interprétations lunaires.

Maisons : Les 12 divisions du thème astrologique, chacune représentant différents domaines de la vie ; la position de la Lune dans une maison influence les émotions et les instincts.

Éclairage : la partie de la surface de la Lune visible depuis la Terre, qui influence la phase et l'interprétation astrologique.

Entrée : L'entrée de la Lune dans un nouveau signe du zodiaque, marquant le début d'une nouvelle influence lunaire.

Conjonction Jupiter-Lune : Lorsque la Lune et Jupiter sont alignés, ils favorisent l'optimisme et la croissance.

Nœuds **karmiques** : Les nœuds nord et sud, points d'intersection de l'orbite de la Lune avec l'écliptique, représentent les leçons karmiques et le but de la vie.

Apex lunaire : Ligne reliant les points de périgée et d'apogée de l'orbite lunaire.

Éclipse lunaire : se produit lorsque la Terre s'interpose entre le Soleil et la Lune, projetant une ombre sur la Lune.

Nœud lunaire : Les points où l'orbite de la Lune traverse l'écliptique, également connus sous le nom de nœuds nord et sud.

Périgée lunaire : point de l'orbite de la Lune le plus proche de la Terre.

Lunaison : Le cycle complet d'une nouvelle lune à la suivante, soit environ 29,5 jours.

Opposition Mars-Lune : Lorsque Mars et la Lune sont directement opposés l'un à l'autre, cela provoque souvent une augmentation des émotions ou des conflits.

Signes **changeants** : Gémeaux, Vierge, Sagittaire et Poissons ; la Lune dans ces signes est souvent synonyme d'adaptabilité et de changement.

Lune de naissance : La position de la Lune dans le zodiaque au moment de la naissance d'une personne, qui influence sa nature émotionnelle.

Nouvelle lune : phase pendant laquelle la lune n'est pas visible depuis la Terre et qui marque un nouveau départ.

Les **nœuds** : Les nœuds nord et sud, points d'intersection entre l'orbite de la Lune et le plan de l'écliptique, représentent le destin et le karma des vies antérieures.

Opposition : Aspect dans lequel la Lune se trouve à 180 degrés d'une autre planète, ce qui provoque souvent une tension ou une polarité.

Orbe : L'intervalle dans lequel un aspect est considéré comme efficace, mesuré en degrés de séparation entre la Lune et un autre corps céleste.

Éclipse partielle : lorsque seule une partie de la Lune

entre dans l'ombre de la Terre lors d'une éclipse de Lune.

Éclipse pénombrale : lorsque la Lune traverse l'ombre pénombrale de la Terre, ce qui provoque une ombre subtile.

Périgée : point de l'orbite de la Lune le plus proche de la Terre, souvent associé aux supermoons.

Quinconce : aspect de 150 degrés entre la Lune et une autre planète, indiquant un ajustement ou une tension.

Quintile : aspect de 72 degrés entre la Lune et une autre planète, représentant souvent un potentiel créatif.

Rétrograde : mouvement apparent vers l'arrière d'une planète observé depuis la Terre ; ne s'applique généralement pas à la Lune, mais est important pour les influences planétaires pendant les phases lunaires.

Signe ascendant : le signe du zodiaque qui s'élève sur l'horizon oriental au moment de la naissance et qui influence la manière dont l'énergie de la Lune s'exprime.

Lune racine : Phase lunaire associée à l'enracinement et à la stabilité, souvent la Nouvelle Lune.

Deuxième quartier de lune : Autre terme pour désigner le premier quartier de lune.

Sextile : aspect de 60 degrés entre la Lune et une autre planète, indiquant l'harmonie et les opportunités.

Mois sidéral : Temps nécessaire à la Lune pour revenir à la même position dans l'arrière-plan des étoiles, soit environ 27,3 jours.

Éclipse solaire : Lorsque la Lune passe entre la Terre et le Soleil, bloquant ainsi sa lumière.

Nœud **Sud** : Le nœud descendant de la Lune, représentant le karma des vies antérieures et les schémas habituels.

Stellium : Groupement de trois planètes ou plus dans le même signe du zodiaque ou dans la même maison, ce qui intensifie l'influence de la Lune.

T-carré : aspect impliquant trois planètes, avec la Lune souvent impliquée, créant une tension et un besoin d'action.

Transit : La position actuelle de la Lune pendant qu'elle se déplace dans le zodiaque, influençant les émotions et les expériences quotidiennes.

Trine : aspect de 120 degrés entre la Lune et une autre planète, indiquant la facilité et la fluidité.

Zodiaque tropical : système zodiacal utilisé en astrologie occidentale, basé sur les saisons, qui influence la position des signes lunaires.

Umbra : partie la plus sombre de l'ombre de la Terre, où se produit une éclipse lunaire totale lorsque la Lune la traverse.

Conjonction Uranus-Lune : lorsque Uranus et la Lune s'alignent, ce qui entraîne des changements émotionnels ou des prises de conscience inattendus.

Lune vide : La période qui suit le dernier aspect majeur de la Lune avant le changement de signe, souvent une période d'incertitude ou d'inactivité.

Croissant de lune décroissant : Phase finale du cycle lunaire avant la nouvelle lune, période propice à l'introspection.

Lune gibbeuse décroissante : La phase qui suit la pleine lune, lorsque la lune commence à perdre sa lumière, un moment propice à la réflexion.

Croissant de lune : La phase qui suit la Nouvelle Lune, au cours de laquelle la Lune commence à s'éclairer, représente la croissance et les nouveaux départs.

Croissant de lune gibbeux : La phase entre le premier quartier et la pleine lune, indiquant un moment d'élan.

Yod : un aspect rare impliquant trois planètes, la Lune étant souvent le point focal, symbolisant une destinée ou un défi karmique.

Zodiaque : Bande de ciel d'environ 8 degrés de part et d'autre de l'écliptique, divisée en 12 signes, que traverse la Lune.

Lune en Bélier : Affirmation émotionnelle et indépendance.

Lune en Taureau : Stabilité émotionnelle et priorité à la sécurité.

Lune des Gémeaux : polyvalence émotionnelle et communication.

Lune du Cancer : Soins émotionnels et sensibilité.

Lune du Lion : expressivité émotionnelle et créativité.

Lune en Vierge : Précision émotionnelle et sens pratique.

Lune en Balance : Équilibre émotionnel et accent sur les relations.

Lune du Scorpion : Intensité et profondeur émotionnelle.

Lune du Sagittaire : Optimisme et liberté émotionnelle.

Lune du Capricorne : Discipline émotionnelle et ambition.

Lune en Verseau : Détachement émotionnel et innovation.

Lune des Poissons : Empathie émotionnelle et intuition.

Nouvelle Lune : C'est le moment de prendre de nouveaux départs et de définir ses intentions.

Croissant de Lune : Construire de l'énergie et initier des projets.

Lune dans le premier quartier : Décision et action.

Croissant de Lune gibbeux : Affiner et corriger les plans.

Pleine lune : aboutissement, clarté et révélation.

Lune gibbeuse décroissante : partage des résultats et réflexion.

Dernier quartier de la Lune : Lâcher prise et laisser aller.

Croissant de lune décroissant : repos et préparation du cycle suivant.

Éclipse solaire : Nouveaux départs, grands changements.

Eclipse lunaire : révélations émotionnelles, fermetures.

Apogée : point où la Lune est la plus éloignée de la Terre.

Périgée : point où la Lune est la plus proche de la Terre.

Nœud lunaire : Points où l'orbite de la Lune croise l'écliptique.

Lunaison : cycle lunaire complet, de la nouvelle lune à la nouvelle lune.

Superlune : pleine lune ou nouvelle lune qui se produit lorsque la lune est la plus proche de la Terre.

Lune noire : une deuxième nouvelle lune au cours d'un même mois civil.

Lune de sang : éclipse lunaire totale au cours de laquelle la Lune prend une couleur rougeâtre.

Références bibliographiques
et lectures recommandées

- **Astrologie ésotérique** - Jean de Rupecisa - 2023
- **Numérologie chaldéenne** - Templum Dianae Media - 2023

Printed by Libri Plureos GmbH in Hamburg,
Germany